ÍNDICE:

INTRODUCCIÓN **1**

4	ÍNDICE
6	EL LIBRO ORIGINAL (1928)
8	*Ivan Lebedev (Uncle Vanya)*
13	CAPÍTULO 1 [INTRODUCCIÓN]
17	*Emil Voss*

PREPARACIÓN **2**

19	CAPÍTULO 2 [PREPARACIÓN]
21	CUÁNDO Y CÓMO EMPEZAR A HACER EJERCICIO CON PESAS PESADAS.
22	REGLAS BÁSICAS PARA EL ENTRENAMIENTO CON PESAS RUSAS Y LA NATURALEZA DEL ENTRENAMIENTO.
24	ATENCIÓN CON LOS DESBALANCES CORPORALES
25	*Theodor Siebert*
28	CONSEJOS PRÁCTICOS PARA EL ENTRENAMIENTO
29	SIGA LAS REGLAS DE HIGIENE PUNTOS CLAVE PARA LOS INSTRUCTORES

EJERCICIOS CON PESAS **3**

31	CAPÍTULO 3 [EJERCICIOS CON PESAS RUSAS]
32	LEVANTAMIENTO AL HOMBRO CON DOS MANOS
33	JERK CON UNA PESA RUSA CON LAS DOS MANOS
34	SNATCH CON UNA PESA RUSA CON DOS MANOS
35	LEVANTAMIENTO CON UN BRAZO HASTA EL HOMBRO
36	*Dr. Krajewski*
40	SNATCH CON UNA MANO
41	JERK CON UNA MANO
42	PRESS CON UNA MANO

43 JALAR CON UNA MANO

44 MOVIMIENTOS BÁSICOS CON LAS DOS MANOS

46 *Pytla*

48 JERK CON LAS DOS MANOS Y "MOLINO"

49 SNATCH CON DOS PESAS

50 JALAR CON LAS DOS MANOS (DE DOS MANERAS)

52 MOVIMIENTOS ADICIONALES
SNATCH CON BASE HACIA ARRIBA

54 PRESS CON BASE HACIA ARRIBA

55 SNATCH CON DOS PESAS CON LAS
BASES HACIA ARRIBA
JALAR CON DOS PESOS BOCA ARRIBA

56 PRESS CON DOS PESAS BOCA ARRIBA
CON "EL MOLINO"

57 JALAR CON LOS BÍCEPS CON UNO Y DOS BRAZOS

58 *Morro Dimitriev*

61 ACOSTARSE Y LEVANTARSE CON UNA PESA

62 PRESS ACOSTADO

63 LEVANTAMIENTO "CLASICO" DEL PUENTE Y "EL
PUENTE ALEMÁN"

64 ARRASTRAR LA PESA (TWO HANDS ANYHOW)

65 EXTENSIÓN Y ABDUCCIÓN

67 SENTADILLAS CON UNA PESA (HACK SQUAT)

68 *George Hackenschmidt*

70 MOVIMIENTOS ESPECIALES - SNATCH SIN IMPULSO
CON AGARRE INTERNO

71 "MOLINO" CIRCULAR DE UNA MANO
ACOSTARSE Y LEVANTARSE CON PESAS

72 JALANDO DESDE EL ARCO DE LA PESA
LEVANTANDO LA PESA RUSA DE LA MESA

73 PONER LA PESA RUSA BOCA ARRIBA EN EL SUELO
PONER LA PESA RUSA BOCA ABAJO EN EL SUELO

74 EJERCICIOS DE ENTRENAMIENTO DE LOS
MÚSCULOS CERVICALES

75 SOBRE LA RESPIRACIÓN DURANTE LOS EJERCICIOS

77 CAPÍTULO 4 [PROGRAMAS]

79 EJERCICIO RESPIRATORIO

81 *Pyotr Krylov*

83 UN ENTRENAMIENTO PARA PRINCIPIANTES MÁS
FUERTES Y PARA AQUELLOS QUE YA TIENEN
EXPERIENCIA CON PESAS RUSAS

84 INSTRUCCIONES PARA REALIZAR COMPETENCIAS

PROGRAMAS

Archivos Secretos Kettlebell presenta:

Edición original:
I.V. Lebedev. Ejercicios con las pesas rusas
Guardia joven

I. Lebedev. Ejercicios con las pesas rusas.
Con 60 imágenes en el texto.

Guardia jóven

Moscú 1928 Leningrad

Editorial número 2656
Oblastlit de Leningrado #12436
Circulación 5000 copias

1928 Lebedev

EL LIBRO ORIGINAL

El libro "ejercicios con pesas rusas" fue originalmente publicado en 1928 en Moscú en la ya instaurada Unión Soviética.

Ivan Lebedev, también conocido como "Uncle Vanya" o el "tío" Vanya fue un prolífico autor de publicaciones sobre Cultura Física. No solo se dedicó a difundir el entrenamiento con kettlebells por medio de varios libros, sino también a través de revistas deportivas, realmente avanzadas para la época.

Este libro es una excelente muestra de como era realmente el modelo de trabajo en Rusia en esa época previo a la instauracion del kettlebell deportivo, que es el modelo de entrenamiento más conocido hoy en día.

Los ejercicios en este libro son más parecidos a los modelos de entrenamientos alemanes y franceses, verdaderos gestores de los ejercicios más clásicos con esta herramienta.

Este es un libro realmente único, tanto en su contenido como su calidad, teniendo en cuenta su año de publicación. En él se estipularon los ejercicios que luego se convertirían en los principales de cualquier sistema de kettlebell. Aquí se puede encontrar de manera ordenada y progresiva la explicación y ejecución de ejercicios como: snatch, jerk, press, clean, "molino" (subibaja o seesaw), los levantamientos dobles, los jalones verticales, los curls, los levantamientos en bottom up, los crucifijos y el levantamiento turco (TGU).

7

Uncle Vanya

PERIODO CLÁSICO **[1879 - 1950]**

MAESTROS DE LA FUERZA

ORIGEN:

San Petersburgo, Imperio Ruso

ESPECIALIDAD:

Levantamiento de Pesas - Lucha Libre

HABILIDAD DESTACADA:

Entrenador - Showman

ELEMENTO PREFERIDO:

Kettlebells

HIGHLIGHT:

Ser el primer profesor de "Heavy Athletics" en dictar clases en el ámbito de la Educación Superior en Rusia [Universidad de San Petersburgo 1901].

Fundar su propia escuela de Cultura Física "Para Personas Excepcionalmente Fuertes".

Publicar la revista "Hércules", la primera publicación ilustrada sobre cultura física de Rusia (1912) y numerosos libros sobre levantamiento de pesas y lucha libre.

Ivan Vladimirovich Lebedev [Иван Владимирович Лебедев] fue una famosa y multifacética figura pública. Considerado un pionero en el levantamiento de pesas pero más conocido como "Uncle Vanya", en su rol de "presentador y arbitro" de los populares campeonatos de Lucha Libre de su época. Nació en San Petersburgo en 1879. Hijo de una madre soltera, fue víctima de las burlas de sus compañeros de escuela, al ser considerado un "bastardo". Esta situación lo llevó a interesarse en el atletismo, en busca de volverse fuerte y protegerse de la intimidación y los insultos. Incluso, lo motivó a estudiar y destacarse del resto de sus compañeros, con un especial interés en la literatura y las artes escénicas. En 1896, con solo 17 años ingresa al "Círculo de Atletas Amateurs" del Dr. Krajewski. Allí se entrena diligentemente, logrando rápidamente un muy buen desempeño en el levantamiento de pesas y la lucha grecorromana.

Pocos años más tarde, Krajewski lo nombra entrenador asistente. Luego, comienza a estudiar Derecho en la Facultad de San Petersburgo. Allí, en 1901, presenta un proyecto para organizar deportes en instituciones de Educación Superior, el cual es aceptado y puesto en marcha con muchísimo éxito. Así, Lebedev se convierte en el primer "profesor de atletismo" en el ámbito de la Educación Superior en Rusia. A partir de su iniciativa, se comienzan a organizar círculos en muchas otras universidades e institutos. Es en este contexto, que "Uncle Vanya" comienza a organizar competencias de levantamiento de pesas y lucha libre entre los diferentes clubes. Tal es el éxito de estos eventos, que para 1905 Lebedev decide abandonar la universidad y comenzar una carrera como productor de competencias deportivas.

Revista "Gerkules" de 1915

Aprovechando su experiencia y contactos en el ámbito de la Lucha, sumado a sus innovadoras ideas sobre la puesta en escena, crea los famosos "Campeonatos de Lucha Libre" con los cuales recorre toda Rusia. Así, instaura muchas de las costumbres y los diferentes "roles" dentro de la "Lucha como entretenimiento popular", que continuan incluso hasta nuestros días: el "desfile" de los luchadores, el papel de los luchadores (el "enmascarado", el "héroe", "comediante", "villano", etcétera), incluía a representantes del público y la prensa en el jurado y especialmente, cambió la función del árbitro, que se convirtió en una especie de animador. Lebedev, bajo el seudónimo de "Uncle Vanya" [Tío Iván], no solo era un juez con experiencia profesional, sino también una especie de mediador entre los luchadores y los espectadores.

En 1910, en memoria del Dr. Krajewski y el aniversario del levantamiento de pesas en Rusia, Lebedev fundó su propia escuela de Cultura Física. Una de sus características principales era la de buscar talentos entre los atletas provinciales y de bajos recursos y ofrecerles oportunidades profesionales. En 1912, al no poder dirigir la escuela personalmente, debido a sus demás ocupaciones, entrega su escuela a la "Sociedad Sanitas", dirigida por el famoso levantador de pesas y luchador, Ludwig Chaplinsky.

Entre 1912 y 1917, Lebedev publicó "Hércules" (Геркулес) la primera revista deportiva ilustrada de Rusia, cuyo lema era: "Todos pueden y deben ser fuertes". La revista publicó materiales no solo sobre el levantamiento de pesas, sino también sobre otros deportes, incluyendo tanto a escritores rusos como "corresponsales" internacionales.

En 1920-1921, creó el "Palacio de las Artes y los Deportes" en Odessa (actual Ukrania). Esta institución, abierta al proletariado, fusionaba las artes escénicas del Circo con las diferentes ramas del deporte que en ese momento se conocían como "Heavy Athletics"; un concepto novedoso para la época.

Ivan Vladimirovich Lebedev continuó su actividad como productor, orador público, entrenador y autor hasta sus últimos días. Además de crear el "Curso de Instructores de Levantamiento de Pesas" para la Marina Rusa, escribió varios libros sobre cultura física. Sus títulos, fecha de publicación y tapas originales están presentadas en la siguiente página.

Durante su vida, Lebedev no ganó ningún título significativo, pero sin lugar a dudas, elevó el interés por la cultura física y los deportes en Rusia a un nivel sin precedentes. Miles de jóvenes, inspirados por sus enseñanzas y las demostraciones de los strongmen rusos, comenzaron a practicar deportes. Ivan Vladimirovich Lebedev, "Uncle Vanya" Falleció el 3 de agosto de 1950 en la ciudad de Sverdlovsk, a los 71 años.

"Fuerza y salud. Una guía sobre cómo convertirse en una persona fuerte y saludable" (1912) -
[Сила и здоровье. Руководство, как сделаться сильным и здоровым человеком].

"Levantamiento de pesas. Una guía sobre cómo desarrollar su fuerza haciendo ejercicio con kettlebells pesados" (1916) - [Тяжёлая атлетика: Руководство, как развить свою силу упражняясь тяжёлыми гирями].

"Lucha Greco-Romana" (1925) - [Французская борьба].

"Historia de la Lucha Profesional" (1928) - [История профессиональной борьбы].

"Ejercicios con Pesas Rusas" (1928) - [Упражнения весовыми гирями].

"Gimnasia con Mancuernas" (1930) - [Гантельная гимнастика].

Capítulo
Uno

INTRODUCCIÓN

Ejercicios con pesas rusas y su lugar en los deportes modernos de levantamiento de pesas.

En varias ciudades del condado, lejos no solo del centro de la provincia, sino también de las estaciones de tren, no hay barras de levantamiento para principiantes. A menudo están ausentes en los círculos deportivos militares también. Para pueblos y aldeas, la compra o fabricación de una barra no es posible debido a razones materiales o técnicas. Mientras tanto, el levantamiento de pesas rusas pesadas es uno de los deportes más queridos en las provincias remotas, y por eso puede ser un poderoso conductor de las ideas de la cultura física y el deporte entre las amplias masas de jóvenes. Además, el levantamiento de pesas rusas pesadas también tiene las siguientes ventajas: sus técnicas de aprendizaje y dominio son más fáciles en comparación con muchos otros deportes; entonces es posible una competencia constante. Dado que las barras para una provincia remota (especialmente para una aldea o pueblo) aún no está disponible, se puede reemplazar exitosamente con pesas rusas. Se encuentran en las ciudades más provincianas y en cualquier aldea, en grandes cantidades. Habrá muchas pesas de un pud (16 kilos) y dos pudes (32 kilos) e incluso las de tres pudes (48 kilos) que ni siquiera se encuentran en

[La pesa del Pueblo]

TODOS LOS EJERCICIOS

En este libro podemos ver que los ejercicios propuestos logran cubrir prácticamente todos los patrones de movimiento. Por esta razón, se considera al kettlebell como una herramienta óptima tanto para el desarrollo deportivo como para el entrenamiento funcional.

las grandes ciudades desde hace mucho tiempo. Ahora hay una gran cantidad de pesas en las provincias en relación con la transición al sistema de ponderación decimal (N. de J.M: recordemos que la transición al kilogramo se hizo en 1917, visto en "archivos secretos kettlebell").

Las pesas rusas alguna vez ocuparon un lugar muy importante en la historia del levantamiento de pesas. En la antigua Rusia de 1885, se fundó el "Primer círculo de atletas" bajo el liderazgo del Dr. Krajewski y así nació el deporte de levantamiento de pesas. En aquel entonces, no había ni una docena de barras de entrenamiento en todo el país. Había muchas barras de esferas, pero la mayoría de ellas eran utilizadas por profesionales del circo. Las pesas rusas fueron utilizadas por la mayoría de los primeros strongmen aficionados en las provincias. El levantamiento de pesas seguía desarrollándose, las barras de entrenamiento aparecieron en todos los clubes deportivos grandes, pero las pesas rusas continuaron usándose de manera intensiva:

1) Para entrenar antes de comenzar los levantamientos de récords con barra;

2) Para competiciones especiales en una variedad de números.

Como ejercicio de entrenamiento, se consideraba indispensable trabajar con pesas rusas. Los ejercicios con una pesa en cada mano son mucho más difíciles que los ejercicios con barra del mismo peso y requieren más fuerza; además, el peso separado enseñaba a mantener el equilibrio y trabajar por igual con ambas manos. Por eso, después de entrenar con pesas, la barra era especialmente fácil. En cuanto a las competiciones con pesas, resultaron más interesantes, debido a que el número y variedad de movimientos con las pesas rusas superan significativamente a los de barra.

Ahora que los deportes están ganando rápidamente la atención de las masas, los ejercicios con pesas pueden aplicarse a las fábricas, el Ejército Rojo y los clubes rurales. El entrenamiento con pesas rusas en los clubes del Ejército Rojo es importante desde un punto de vista aplicado: una serie de ejercicios con pesas desarrollan grupos de músculos involucrados en varios tipos de trabajo militar, como transportar proyectiles, equipo militar, etcétera.

El personal de la planta de fundición de Sarmovsky.

1912

Krylov asistido por Uncle Vanya.

Emil Voss

[1865 - 1915]
PERIODO ANTIGUO

MAESTROS DE LA FUERZA

ORIGEN:

Sczecin, Imperio Prusiano [Actual Polonia].

ESPECIALIDAD:

Malabares con kettlebells. Proezas de fuerza antiguas.

INSPIRO A:

Dr. Krajewski con las técnicas utlizadas por los Strongmen de circo.

ELEMENTO PREFERIDO:

Kettlebells.

HIGHLIGHT:

Recorrer Alemania, Rusia y Estados Unidos con su acto de Strongman.

Presentarse en el Circo Ciniselli de San Petersburgo.

Formar un dúo con el famoso atleta de fuerza y luchador profesional Wladylsaw Pytlasinski.

Emil Voss [1865-1915] fue un famoso Strongman de origen polaco que supo llevar el título de "El Hombre Más Fuerte del Mundo" y acumuló una considerable fortuna en sus viajes por Alemania, Rusia y Estados Unidos.

En la mayoría de los casos se lo considera alemán, ya que su pueblo natal en ese momento pertenecía al Imperio Prusiano y la lengua oficial era por supuesto el alemán. Sin embargo, Sczecin era un pueblo históricamente polaco, de donde surgieron varios atletas de fuerza que lograron la fama, como la trapecista "Miss Lala", por ejemplo.

En 1886, se encontraba actuando en el prestigioso Circo Ciniselli en San Petersburgo. Allí presentaba un típico número de Strongman, realizando malabares con Kettlebells (de 16 y 32 kg). También invitaba al público a levantar sus mancuernas "de desafío" (una de ellas pesaba 98 kg y su eje medía 5 cm de diámetro). Con un físico muy bien desarrollado y brazos muy fuertes, Emil Voss gozó de gran popularidad durante sus años como artista.

En 1887, fue invitado por el Dr. Krajewski a su "Círculo de Atletas" para demostrar sus levantamientos. Allí, explicó muchos de sus secretos y fue una pieza fundamental para el desarrollo de las técnicas que luego popularizaría Krajewksi.

Años más tarde, en 1892, formó una dupla con su compatriota, luchador y atleta de fuerza, Wladyslaw Pytlasinski bajo el nombre de "Brothers Voss".

PREPARACIÓN

Dos

Consideraciones preliminares: Reglas básicas para entrenar con pesas rusas.

Al comenzar los ejercicios con pesas, las personas sin experiencia en ejercicios físicos, deben preparar sus cuerpos con algún sistema de gimnasia, así como correr y saltar. Esto, por un lado, enseñará a ejercitarse de forma regular, y por otro, a fortalecer los músculos y huesos, lo cual es necesario para la transición a pesas rusas pesadas, ejercicios que requieren una buena salud general y una gran fuerza muscular. 3-4 meses pueden considerarse un período suficiente para la preparación preliminar. El autor recomienda los siguientes libros como guía para los ejercicios diarios preparatorios: "Educación física para todos" de Kalpus, "Gimnasia en casa" del Dr. Ivanovsky y, si lo encuentra, "Fuerza y salud" de Lebedev (parte 2 del libro, sobre ejercicios con mancuernas). Nadar y remar también son buenos preparativos.

[Acondicionamiento]

UN ORDEN COHERENTE

Lebedev presenta los ejercicios principales del sistema kettlebell en orden coherente y progresivo. Sus recursos metodológicos siguen vigentes hasta la actualidad.

Cuándo y cómo empezar a hacer ejercicio con pesas pesadas

Los ejercicios con pesas se pueden iniciar al menos a los 18 años y solo si el cuerpo es lo suficientemente fuerte. De lo contrario, es mejor comenzar a los 20 años. A una edad más temprana, no se recomienda dedicarse a pesas pesadas, para no obstaculizar el crecimiento y arruinar el corazón. (*Nota de J.M: Este pensamiento ha cambiado mucho en los últimos años con la demostración científica y empírica de que el entrenamiento de fuerza no sería un problema para el crecimiento en los menores de edad*).

Su salud puede permitirle o no hacer pesas rusas pesadas. Por lo tanto, deje que un médico lo revise previamente, quien le dirá si hay algún obstáculo en su cuerpo, al menos temporal, para realizar ejercicios con pesas pesadas. Érase una vez la creencia ridícula de que el ejercicio con pesas rusas pesadas inevitablemente conlleva enfermedades cardíacas y que también contribuyen al embotamiento mental. Varios estudios médicos serios de los últimos tiempos han demostrado que los levantadores de pesas que han practicado pesas rusas correctamente tienden a tener músculos fuertes, un corazón entrenado y buena salud en general. En cuanto al "embotamiento mental", quizás, fue una característica particular de los "casos de Chéjov", es decir, los viejos regímenes y maestros que perseguían poderosos impulsos de deportes fuertes entre las masas de la entonces juventud. Lo que debe tenerse en cuenta al comenzar los ejercicios con pesas son las características individuales del cuerpo. El corazón enfermo, el asma y una serie de otras enfermedades excluyen la posibilidad de hacer ejercicios con pesas rusas. Es aconsejable, al iniciar los ejercicios regulares, consultar con un médico o un instructor de educación física con experiencia.

¡Todos pueden!

HA SIDO DEMOSTRADO QUE EL ENTRENAMIENTO DE LA FUERZA NO SERÍA CONTRAPRODUCENTE PARA MENORES DE 20 AÑOS.

Reglas básicas para el entrenamiento con pesas rusas y la naturaleza del entrenamiento

Sin logros y sin competición, el deporte es generalmente impensable: el deporte no es más que competición, la consecución de una forma u otra de determinados resultados en los ejercicios físicos. Sin embargo, no se deje llevar demasiado por los logros. Empiece a entrenarse, realice una variedad de ejercicios correctamente y el éxito llegará sin que se de cuenta de ello. Es especialmente importante no perseguir logros al principio.

Para que todos los músculos del cuerpo funcionen durante los entrenamientos, los ejercicios deben ir en un estricto orden secuencial. Durante el entrenamiento, los movimientos puramente de fuerza de los brazos, deben dar paso a los movimientos que requieran balanceo y den mucho trabajo a la espalda; después de dar trabajo a los músculos de espalda, haga los ejercicios para las piernas o el cuello, etcétera. Si la espalda está cansada o débil al principio, déjela descansar y haga ejercicios acostado. Por lo tanto, recuerde que todos los grupos de músculos de su cuerpo deben trabajar en orden secuencial.

Cuando comienza a entrenar, debe comenzar con aquellos ejercicios que requieren menos esfuerzo, menos estrés, como los ejercicios de una mano y balanceo. Tomemos como ejemplo una combinación de ejercicios de este tipo:

1) Clean con cada mano por separado.
2) Molino ("subibaja" o press alternado),
3) Snatch con cada mano
4) Hacer flexiones con las dos manos y luego continuar con otros ejercicios.

No se puede dejar al final el más difícil de los ejercicios programados para el día: cansado de los ejercicios anteriores -sobre todo si el entrenamiento fue "por repeticiones" - se arriesga a no poder realizarlos. Pero, como ya se ha dicho, es imposible empezar con el ejercicio más difícil o puramente de fuerza; deje que la máquina "entre en calor". Los ejercicios de entrenamiento programados para cada día pueden cambiar por una razón u otra

(por ejemplo, dependiendo del objetivo), pero se debe observar la sistemática. La lista de ejercicios debe ser compilada por el deportista mismo o por el instructor, si hay uno, con una semana de anticipación. Para cada próximo período, la lista se modificará en función de las lecturas de la semana pasada: los resultados de los levantamientos, los rasgos característicos del deportista, registrados durante los ejercicios durante la semana, la asimilación o rechazo de tal o cual ejercicio, etcétera.

Puede ejercitarse con pesas hasta 3-4 días a la semana. Cuatro días ya es la norma máxima, y el cuarto día no haga ejercicios particularmente difíciles que requieran mucha fuerza. Durante los días intermedios, haga algún tipo de deporte o ejercicio, principalmente al aire libre. Recuerde que durante los ejercicios físicos debe observarse el ritmo, y por lo tanto, descanse por completo de cualquier ejercicio, al menos de acuerdo con el siguiente principio: después de cada mes de entrenamiento 3 días de descanso completo. Entrenar con cualquier tipo de ejercicio no debe ser agotador. Si está un poco cansado, el corazón late intensamente, la respiración se vuelve pesada: descanse, camine con pasos lentos, realice varias inhalaciones y exhalaciones profundas y suaves. Continúe con los ejercicios sólo cuando sienta que su corazón late con calma y cuando empiece a respirar con más facilidad.

El entrenamiento con pesos grandes, tanto con barra como con kettlebells, generalmente debe hacerse al máximo. Es decir, cada movimiento con peso ligero y medio (en relación con el máximo que levanta) debe realizarse tantas veces seguidas como sea posible. El entrenamiento con pesos medios es especialmente importante. Con una

barra, es fácil: tome tres cuartas partes de su límite de peso (con un máximo de 90 kilos, el peso promedio es de 68 kilos). Con las pesas rusas la cuestión del peso promedio puede parecer extraña, porque las pesas son de solo 16, 32 y rara vez de 48 kilos. ¿Qué pasa entonces con el peso promedio? Muchos atletas profesionales de segunda clase han encontrado una manera de hacer pesas rusas con 1 kilo entre pesos: la pesa rusa se perfora desde la parte inferior y esto reduce su peso. Por tanto, no es particularmente difícil hacer pesas de 22, 27 y 31 kilos desde pesas ordinarias, lo que hará posible tener una colección de pesas de diferentes pesos.

El aumento de peso es algo más difícil: se logra principalmente vertiendo plomo en la pesa perforada. Pero hay un método muy fácil, puramente artesanal: pesas livianas se atan uniformemente al mango de la pesa rusa en ambos lados para que no interfieran con el agarre del el arco y no golpeen al levantador en la mano.

En resumen, es muy posible modificar el peso de las pesas rusas si se desea, además de haberlas entrenado, construyendo temporalmente una barra casera a partir de ellas. Para hacer esto, tome un trozo de hierro o un palo de madera fuerte, de diámetro bastante ancho, ate las pesas de 32 kilos fuertemente a ambos extremos, para que no cuelguen demasiado, y la barra más simple está lista.

Habiendo terminado con la cuestión de los pesos, pasamos a la cuestión del entrenamiento al máximo de las veces. Los músculos se desarrollan y fortalecen no por el peso máximo levantado por una persona, sino por la gran cantidad de veces que ha realizado cada ejercicio de entrenamiento necesario. Entonces, entrenar se reduce a trabajar al máximo de las repeticiones.

Al mismo tiempo, no olvide que a la primera sensación de fatiga leve, se debe detener el ejercicio. Observe en qué "repetición" apareció el primer signo de fatiga; este sería su límite. Practique durante unos días y podrá superar fácilmente este límite. Al máximo de las repeticiones, pero no hasta el punto de la fatiga. Deje que este sea el principio fundamental de su entrenamiento.

Al entrenarse, procure hacerlo entre 1 hora y media y 2 despues de comer. Sino, comer después de realizar los ejercicios, de forma tal que haya al menos media hora antes de las comidas y al menos una 1 hora y media o 2, antes de acostarse.

Atención a los desbalances corporales

Cuando busque la versatilidad de los ejercicios, asegúrese de prestar atención a corregir las deficiencias de su estructura. Ejercitando todo el cuerpo, hága trabajar más veces y con especial cuidado, introduciendo gradualmente en el trabajo, a aquellos grupos de músculos que están poco desarrollados, aquellas partes del cuerpo que están débiles. Con mucho cuidado, es necesario corregir los desbalances que surgen en relación con las características profesionales del trabajo.

Tomemos algunos ejemplos: los campesinos tienen el pecho hundido y la espalda encorvada; la mayoría de los obreros tienen el lado derecho del cuerpo más desarrollado y especialmente el brazo derecho; los funcionarios tienen las manos, la espalda y el estómago débiles; los sastres tienen piernas débiles, pecho hundido; los tipógrafos tienen pechos débiles y predisposición a la tuberculosis, etcétera. Estas deficiencias físicas profesionales deben ser tratadas de forma lenta, cuidadosa y sistemática con el entrenamiento adecuado y los movimientos más propicios para cada caso.

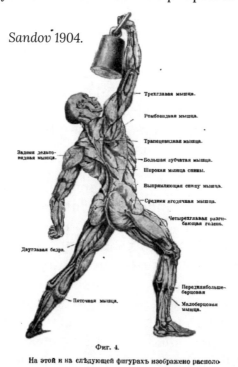

Sandov 1904.

Фиг. 4.

На этой и на слѣдующей фигурахъ изображено располо

24

Theodor Siebert

PERIODO CLÁSICO **[1866 – 1961]**

ORIGEN:

Sajonia, Alemania.

ESPECIALIDAD:

Entrenador de campeones.

HABILIDAD DESTACADA:

Levantamientos pesados.

ANTAGONISTA:

El estado Nazi.

ELEMENTO PREFERIDO:

Kettlebells pesados.

HIGHLIGHT:

Desarrollar el concepto de entrenamiento con cargas progresivas.
Entrenar a campeones de la talla de: George Hackenschmidt, Georg Lurich, Arthur Saxon y Hermann Goerner.

Adolf Eduard Theodor Friederich Siebert nació en una numerosa familia de artesanos cerveceros de un pequeño pueblo de Sajonia, Alemania.

No obstante, fue a partir de sus viajes a Viena y Jedlesee en 1886, que Siebert tuvo la oportunidad de conocer a una gran cantidad de artesanos cerveceros, los cuales eran activos atletas de fuerza. En ese entonces, el levantamiento de pesas era muy popular entre los trabajadores manuales y artesanos. Las ciudades de Viena y Munich se convirtieron en bastiones de esta actividad física y Siebert quedó impactado por las proezas de fuerza de los artesanos y trabajadores cerveceros.

En 1886 Siebert volvió a su casa natal y comenzó a construir sus propias mancuernas para comenzar a entrenar como autodidacta, aunque fue rápidamente interrumpido durante dos largos años por el servicio militar.

Entre 1892 y 1894, Siebert comenzó nuevamente a entrenarse. Así mismo, ya desde 1890 se vio interesado en otras áreas del conocimiento, tales como la teosofía y el vegetarianismo.

También, a mediados de la década de 1890 comenzó a publicar artículos en el «periódico de atletas de Munich», en el cual comentaba sus avances a partir de su propio sistema de entrenamiento periodizado. Según sus propias memorias, «viviendo en un humilde pueblo solitario, separado de toda actividad deportiva social, me aislé a practicar con dos kettlebells de 25 kg y felizmente, luego de varios meses, me encontré levantando ambos pesos (uno en cada mano) 6 veces». Siebert combinaba el método empírico con las teorías antropométricas de los fisiólogos del momento.

Al principio, se basó en las observaciones y documentación de su propio entrenamiento. También, se orientó basado en otros atletas de fuerza profesionales, tales como el famoso «Professor Attila» (Louis Durlacher) y el luchador Carl Abs.

Se mantenía en contacto por correspondencia con reconocidos expertos de esa época. Médicos, fisiólogos e incluso, el periodista deportivo y pionero de la aeronáutica austríaca, Viktor Silberer. En 1893, su compromiso con el levantamiento de pesas era tal, que utilizó parte de su establecimiento, «Sieberts Bierhalle» para fundar la "Asociación de gimnastas y atletas de Alsleben".

Para 1898, se publica su libro «El Catecismo del Atletismo», el cual se convirtió rápidamente en material de consulta en la época. En esta obra, Siebert vincula sus propias observaciones empíricas con las de otros atletas y científicos.

Allí, Siebert ya había desarrollado el sistema de «Entrenamiento con Resistencia Progresiva». Casi todos los sistemas de entrenamientos publicados luego, se basaron en Siebert.

En ese mismo año, viaja a Viena para participar en las competencias atléticas de la famosa «Exhibición de Aniversario» de 1898 (Jubileo de los 50 años del Emperador Franz Joseph I).

Allí, vivió junto Silberer y conoció personalmente a la «élite» del levantamiento de pesas de esa época. Así mismo, fue a partir de este importante evento en Viena, que entabló una amistad tanto con George Hackenschmidt, como con Wladislaw Von Krajewksi, quien fuera entrenador y mentor de los más reconocidos atletas y strongman del Imperio Ruso.

Para 1901, el departamento de «Heavy Athletics» se separó para formar su propio club, especializado en levantamiento de pesas, lucha libre y proezas de fuerza. Estas últimas, eran hasta ese momento material de circos y ferias, pero en su gimnasio se convirtieron en parte del entrenamiento diario.

Como resultado, Alsleben se convirtió en un centro regional del desarrollo de la lucha profesional. Entre sus pupilos, encontramos a grandes figuras de la cultura física, tales como George Hackenschmidt, George Lurich, Arthur Saxon y Herman Görner.

Para 1904, ya había fundado su propia casa editorial, con la cual publicó sus libros y panfletos. Al mismo tiempo, escribió artículos y ensayos para diferentes revistas especializadas. Sin embargo, poco a poco, Siebert fue olvidado y la historia de la «Cultura Física» continuó, sin reconocimiento a uno de sus mayores contribuidores en el campo del entrenamiento.

Sus publicaciones sirvieron de base para innumerables publicaciones sobre el tema, incluso hasta nuestros días. Ejercicios como «Pistols» (sentadilla profunda a una pierna), «One Arm Chin-Up» (Dominada a un brazo) y «One Arm Push-Up (Flexión de brazo a un brazo) ya aparecían explicados en 1923.

Aunque Theodor Siebert logró gran reconocimiento en el mundo del levantamiento de pesas, nunca pudo ganar buen dinero a partir de ello. Esto lo condujo a pésimas situaciones económicas, que empeoraron incluso más durante el Estado Nazi.

Ya en 1952, se vio obligado a cerrar su tienda de libros, ya que se encontraba viejo y a merced de una pensión mínima. Su único sustento fue la ayuda de algunos amigos y ex-alumnos.

Al momento de su muerte, en abril de 1961, a la edad de 94 años, se encontraba ciego y muy débil físicamente. En 1991, la plaza "Theodor-Siebert-Platz" en Alsleben, fue inaugurada en su nombre.

Pistol a una pierna en un libro de Siebert.

Consejos prácticos para el entrenamiento

Entrénese para no tener miedo a las pesas. Si tiene miedo a las pesas, entonces no las levantará o, si lo hace, con un gasto innecesario de energía y estrés excesivo, y en este último caso, a menudo de forma incorrecta y con daños para la salud. Acostúmbrese a entrenar de modo divertido, con una sonrisa, es una de las principales tareas. Donde termina la sonrisa, puede comenzar el cansancio. El hábito observado de muchos atletas de tensar sus músculos antes de agarrar una pesa rusa o incluso acercarse a ella es fundamentalmente erróneo: la energía nerviosa y muscular se desperdicia por completo, y cómo resultado esta energía puede llegar a ser insuficiente cuando más la necesita, es decir, en los momentos de levantamiento. Los músculos deben tensarse solo durante el movimiento, es decir, al levantar, o más bien, los músculos tendrán que tensarse por si mismos. Camine hacia las pesas rusas y agárrelas con bastante suavidad, incluso con los músculos de sus brazos relajados. Así ahorrará la energía.

Cada ejercicio, incluso uno que requiera balancear (como clean y snatch), o jerk, debe realizarse con suavidad, no impulsivamente. A primera vista, puede parecer extraño que, por ejemplo, el empuje sea suave y no tenso, pero en realidad lo es. La técnica del jerk se basa en el empuje con las manos, combinado con las caderas y flexión de rodillas (con o sin estocada). Solo cuando esta conexión se realice rápidamente, pero suavemente y no impulsivamente, el empuje será exitoso, correcto y hermoso.

Para lograr la capacidad de realizar cualquier movimiento de manera rápida y suave, primero hágalo varias veces sin pesas. La grosería y la impulsividad no solo son perjudiciales para la salud, sino también técnicamente inapropiadas. Pero tampoco se permite la laxitud: cada ejercicio debe realizarse de forma clara y completa.

Cuando baje las pesas al suelo, no las deje caer, como hacen algunos profesionales que quieren demostrar que las pesas son auténticas: bájelas despacio, con facilidad, sin ruido. No hay necesidad de tensar los músculos al bajar las pesas (excepto para bajar después de jalar hacia arriba con el bíceps): la pesa cae por sí sola, y solo hay que evitar que se caiga al suelo con mucho ruido.

Durante los ejercicios, no se puede beber agua (si tiene la garganta seca, puede enjuagarla), ni fumar, comer, hablar o sentarse. Durante los descansos entre ejercicios individuales, camine lentamente, pero estos descansos no deben ser muy largos, ya que, en términos deportivos, "la energía se disipará". El estómago y la vejiga deben vaciarse antes de comenzar el ejercicio.

Si por alguna razón no se siente saludable o si su cuerpo está especialmente cansado y lento en ese día, saltéese ese día y reemplácelo por otro. Esto significa que el cuerpo necesita descansar. Aunque, por si acaso, debe comprobar si hay tal sensación de letargo. Para verificar, haga 2-3 de los ejercicios más ligeros entre los planeados: si el letargo no desaparece, deténgase; pero quizás sí desaparezca. No confunda la fatiga con el dolor muscular, que generalmente se observa durante los primeros minutos de entrenamiento: los músculos que no están acostumbrados al entrenamiento seguramente se sentirán adoloridos al principio. Pero tan pronto como se desarrolle el hábito, esta sensación dolorosa dará paso al vigor de músculos fuertes y entrenados que no conocen la fatiga.

Acompañe cada uno de sus entrenamientos con ejercicios de respiración y finalice con saltos, carrera lenta con la transición a caminar con respiración suave y lenta y exhalación.

Ropa de entrenamiento: pantalones cortos y sandalias, lo mejor es entrenarse descalzado.

Siga las reglas de higiene

El ejercicio debe realizarse en un área bien ventilada y al aire libre, solo en verano. Después del entrenamiento, deje que su cuerpo se enfríe y seque un poco, y luego lávese o límpiese con agua. Es necesario lavar con agua todo el cuerpo, y no limitarse, como es habitual, a frotar la mitad superior del mismo, olvidándose que la mayor parte del trabajo y todo el peso hay que soportarlo con las piernas. Al mismo tiempo, frote el cuerpo hacia arriba (hacia el corazón).

Puntos clave para los instructores

Aunque esta guía está pensada principalmente para el autoentrenamiento de aficionados que hacen ejercicio en lugares donde no hay instructores de levantamiento de pesas, si este libro es utilizado por un instructor, el autor ofrece los siguientes puntos básicos:

1) Los involucrados con pesas deben dividirse en grupos, teniendo en cuenta no solo su fuerza, sino también su edad y datos físicos.

2) El programa de lecciones grupales debe estar diseñado de tal manera que, por un lado, comience una sana competencia entre los practicantes; y por otro lado, para que aquellos que se están quedando atrás, es decir, los más débiles de este grupo, no "se enfríen".

3) Al compilar una tabla de entrenamiento para cada deportista, que a veces puede ser el caso, es necesario tener en cuenta sus características individuales: edad, peso, fuerza, afección cardíaca, cansancio, deficiencias constitucionales a eliminar, tendencia a uno u otro ejercicio, profesión, etcétera.

4) Las clases grupales deben ser divertidas, positivas, y el instructor debe convencer a todos, incluso a los más débiles, de que si se practica con sabiduría, es posible convertirse en una persona fuerte con facilidad y libertad. Es muy importante cuando se entrena con pesas rusas, ya que la primera falla puede desanimar a un principiante tanto del deseo de entrenar como de la confianza en sus fortalezas y capacidades físicas.

5) El programa de ejercicios debe estar compuesto por movimientos versátiles que desarrollen todos los grupos musculares principales, no solo en ejercicios de fuerza, sino también en ejercicios rápidos y ágiles.

6) Los ejercicios grupales comienzan con movimientos preliminares sin pesas (durante 5-10 minutos), obligando a todo el cuerpo a trabajar. Preste especial atención a la respiración (profundidad, ritmo). Debe terminar el entrenamiento de las siguientes maneras: si el entrenamiento se lleva a cabo en interiores, con movimientos libres, trote lento (siempre que no haya polvo en la habitación) y ejercicios de respiración. Si entrenan al aire libre, con juegos grupales, saltos y carreras lentas que se conviertan en caminar.

7) Una vez cada dos meses, se puede organizar una verificación de récords entre los participantes de cada grupo, y es necesario verificar los movimientos más versátiles. A aquellos movimientos en los que el alumno ha avanzado poco se les presta más atención en los meses siguientes. Para elaborar un esquema de entrenamiento independiente (individual), debe llevar un diario especial, donde se registren los logros de cada estudiante en el grupo, así como todas las medidas y estudios corporales. Así, se obtendrá una imagen completa de cómo, a través del entrenamiento físico con pesas, una persona se forja en un atleta construido armoniosamente, que no conoce la fatiga y supera los obstáculos (levantar grandes pesos) no solo por la fuerza, sino también por la destreza y la velocidad.

Capítulo Tres

**EJERCICIOS CON PESAS RUSAS.
MOVIMIENTOS DE UNA MANO**

[Listado de ejercicios]

Levantamiento al hombro con dos manos. (Clean asistido)

Primero debe acostumbrarse a no tener miedo a las pesas, es decir, acostumbrarse a la sensación de pesadez. Coloque un peso a unos 30-40 cm delante de los talones entre los pies, con un espacio de 30-50 cm (según la altura). Desde su mango, que se encuentra perpendicular a la línea que corre entre sus piernas (desde un talón y hasta el otro), tome la pesa desde el borde exterior, con los dedos de la mano apuntando hacia el hombro al que quiere levantar el kettlebell. Con los dedos de su otra mano, agarre los dedos de la primera mano debajo del arco de la pesa rusa.

Balancee el peso así tomado entre las piernas, primero hacia atrás, luego hacia adelante y hacia atrás nuevamente, y levántelo con ambas manos sobre el hombro (Figura 1 muestra la preparación del levantamiento sobre el hombro derecho). Ligeramente en cuclillas a la altura de las rodillas. Al mismo tiempo, no aplique demasiada fuerza, para que la pesa cargada no lastime el hombro (Fig. 2 - el momento mostrado por la línea de puntos). Cuando la pesa rusa ya esté en su hombro, estire las piernas y retire la mano superior de la pesa rusa.

Asegúrese de que el peso esté en el costado del hombro y que el mango esté al ras con la parte superior de la cintura escapular. Esta posición se llama el "inicio correcto" de la pesa rusa (en general, "inicio" en el lenguaje del levantador de pesas significa: detenerse en la posición erecta inicial con la pesa o las pesas colocadas correctamente en los hombros. Al comenzar con una barra, se encuentra cerca del hombro o en la parte superior del pecho). Entonces, la pesa rusa está en su hombro (Fig. 2 - línea de puntos).

Bájela de su hombro con una mano, teniendo cuidado de no dejarla caer al suelo. Si no se atreve a bajar con una mano, baje con dos y, habiendo repetido ya varias veces el levantamiento, podrá bajar con una mano sin ningún miedo. Después de cambiar la posición de sus manos, levante la pesa rusa hasta el otro hombro. Repita estos levantamientos varias veces. No es necesario apretar el arco de la pesa rusa con demasiada fuerza con los dedos. No mueva las muñecas demasiado profundamente al agarrar el arco.

1

32

Jerk con una pesa rusa con las dos manos

Habiéndose acostumbrado a la sensación del peso sobre su hombro, intente empujar la pesa sobre su cabeza con ambas manos y sosténgala allí con un brazo estirado. Puede, sosteniendo el mango de la pesa rusa con ambas manos, empújarla hacia arriba sobre su cabeza con el hombro, flexionando y extendiendo rápidamente las rodillas. El empujón debe ser lo suficientemente fuerte como para que la pesa rusa aterrice en la parte superior del brazo derecho perfectamente estirado. Continúe sosteniendo el mango de la pesa rusa con ambas manos; retire la mano izquierda de la pesa rusa durante unos segundos. Así, la pesa ya se encuentra solo en su mano derecha. Para no perder la presencia de ánimo al principio y no dejar caer la pesa rusa sobre su hombro, puede mantener su mano libre levantada cerca de la pesa rusa (fig.2). Lentamente, baje con calma la pesa con una mano, primero a su hombro, luego al piso. Haga lo mismo con su mano izquierda. Dado que la mano izquierda generalmente está menos desarrollada, al principio puede haber fallas con la izquierda, pero no se desanime y continue hasta lograr el éxito con la izquierda. Ambos brazos deben desarrollarse por igual. Al levantar desde el hombro hacia arriba, puede sostener y empujar el peso con la otra mano, apoyando la palma contra su base desde el interior.

2

33

Snatch con una pesa rusa con dos manos

La posición inicial es la misma que cuando se lleva la pesa con ambas manos al hombro. Balancee la pesa rusa entre las piernas, - hacia atrás, adelante y atrás, - jálela con ambas manos, sin sujetarla por el hombro y llevándola delante de usted con los brazos flexionados por encima de la cabeza (Fig.3) a la altura de la mano derecha enderezada.

Cuando la pesa rusa ya esté a esta altura, estabilice su hombro derecho desde el interior y retire la mano izquierda de la pesa rusa para que permanezca en su brazo derecho perfectamente extendido (Fig.2). Sostenga la pesa rusa durante unos segundos y luego bájela con calma con una mano a su hombro y luego al piso.

Haga lo mismo con su mano izquierda. Repita este movimiento varias veces seguidas: finalmente le quitará el miedo al peso y después de un par de días podrá jalar la pesa rusa sin usar la otra mano. Es necesario prestar atención al hecho de que la pesa, subiendo por encima de la cabeza, puede golpear el antebrazo en el último momento. Y por lo tanto, cuando la pesa empiece a moverse hacia el brazo extendido, gire suavemente el antebrazo (o más bien, la mano) hacia adentro, y luego el peso se deslizará por el antebrazo sin ninguna lesión y se acostará sobre su parte posterior (Fig. 5).

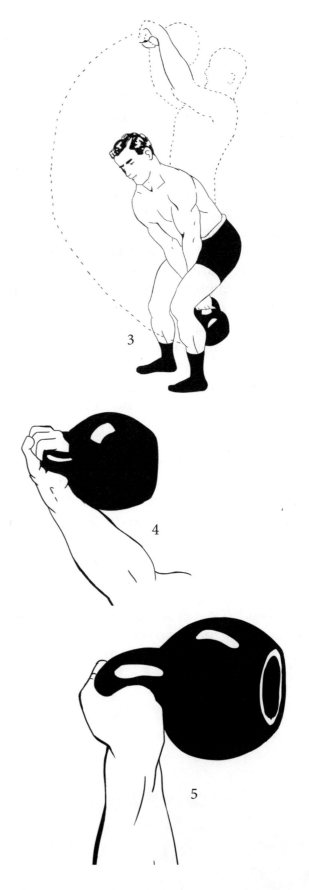

Levantamiento con un brazo hasta el hombro

Tome el mango de la pesa con el agarre superior, sin doblar mucho las muñecas con la palma hacia adentro. La otra mano está libre (Fig.6). Balanceando la pesa rusa hacia atrás, hacia adelante y hacia atrás, llévela sobre su hombro con una rápida pero superficial sentadilla. Cuando la pesa rusa esté sobre su hombro, extienda las rodillas. Recuerde cómo debe colocarse la pesa rusa en su hombro para un comienzo correcto. Baje la pesa. Levántela hasta el otro hombro. Haga esto varias veces seguidas.

Movimientos principales

Los principales movimientos al trabajar con pesas incluyen clean, press, jalar y snatch con una y dos manos.
Cuando trabaje con pesas, preste atención al comienzo correcto: los mangos de las pesas no deben estar más altos que la parte superior de la cintura escapular, y las pesas no descansan sobre el pecho, sino que cuelgan de los hombros a los lados.

6

35

Dr. Krajewski

PERIODO CLÁSICO [1841 – 1901]

MAESTROS DE LA FUERZA

ORIGEN:

Polonia.

ESPECIALIDAD:

Medicina y deportes.

HABILIDAD DESTACADA:

Integrar la ciencia con el entrenamiento.

LEGADO:

Libros. Gimnasios y cientos de profesores de lucha y entrenamiento.

ELEMENTO PREFERIDO:

Kettlebells y barras.

HIGHLIGHT:

Responsable de iniciar "el atletismo ruso".
Inventó pautas de cuidados en el entrenamiento y la salud.
Médico personal del Zar.

Poco se conoce de la vida temprana del Dr. Krajewski. Con certeza se sabe que se graduó como médico en Varsovia para luego mudarse a San Petersburgo. En 1866 luchó contra la epidemia de cólera en esa ciudad y se hizo conocido y afamado a tal nivel, que se convirtió en el médico personal del Zar.

Krajewski fue uno de los primeros en implementar un sistema ordenado y combinado de entrenamiento físico y ciencia.

En Rusia estableció:

- El chequeo médico obligatorio de los atletas.
- La observación, registro y ajustes en las secuencias y aumento de las cargas, en el entrenamiento con pesas.
- Cumplimiento de normas de higiene.
- Abstinencia al alcohol y el tabaco para sus atletas.
- Fue el creador de la barra con tres marcas (una en el centro para los levantamientos con una mano y dos a los costados) y la implementación de discos de ajuste de 1 y 2 kg.
- El concepto de las 8 horas de sueño como parte integrada del entrenamiento.
- El uso de baños helados para regeneración.
- Se dice que fue el primero en llamar "weightlifting" al levantamiento de pesas.

Krajewski realizó un viaje a Europa occidental entre 1879 y 1880, allí estudió con diversos profesores de renombre, e investigó en detalle tanto las técnicas como el equipamiento utilizado, para luego poder llevar esa información a Rusia.

Así recorrió Austria, Hungría, Alemania, Italia y España en busca de un método que usará la educación física para la prevención y tratamiento de enfermedades. En este viaje además recolectó una gigantesca colección de fotos de famosos luchadores y atletas que luego exhibiría en su gimnasio.

En 1885 crea el "Círculo de Atletas Amateur de San Petersburgo". Así, se considera el 23 de agosto (o 10 de agosto, según la fuente) de 1885 como el día de nacimiento del atletismo

Una posible foto de Charles Hernst.

Estatua actual en homenaje al Dr. Krajewski.

ruso. La creación de este club parecería tener origen en un episodio interesante que involucra a un artista de circo alemán, llamado Charles Ernst. Este estaba de visita en la ciudad dando exhibiciones en el escenario del jardín zoológico, mostrando malabarismo con kettlebells y ejercicios de fuerza traídos desde Europa. Luego de su show, Krajewski entrevistó a Ernst, quien le contó que el levantamiento de pesas había conquistado Alemania y lo estaba haciendo en toda Europa.

Este episodio parecería ser el detonante para que Krajewski abriera el "Círculo de Atletas Amateurs", donde enseñó kettlebells, levantamiento de pesas, lucha y boxeo.

Georgy Ivanovich Ribopier, una figura pública que abogó intereses por el movimiento olímpico en Rusia, definió a Krajewski como "el padre del atletismo ruso".

El gimnasio de Krajewski estaba basado en el famoso "La Culture Physique", dirigido por Edmond Desbonnet (Francia). Sin embargo, se distinguía de este último por dos razones: En primer lugar, la predilección por el entrenamiento con kettlebells (lo que quizás marcaría una diferencia en el futuro de esta herramienta en Rusia). Y en segundo lugar, opuesto a la corriente europea de exhibir cuerpos desnudos en el gimnasio y de darle importancia a la estética, Krajewski mostraba a los atletas vestidos y el entrenamiento estaba volcado al desarrollo de la fuerza y la función.

También, las barras eran preferidas por sobre las mancuernas en el gimnasio del doctor, las cuales según él, aseguraban un desarrollo superior de los músculos de los brazos, piernas y torso al mismo tiempo. Krajewski incluye las kettlebells en su gimnasio bajo la premisa de que "son la única herramienta satisfactoria para

Gimnasio de Krajewski. Nótese las barras y kettlebells. La colección de fotos de luchadores y levantadores famosos en la pared y en lo alto del altar la foto, casi indistinguible, de Emil Voss.

Emil Voss.

combatir las condiciones no saludables de la vida moderna".

En 1899 escribió el "catecismo de la salud" el cual nunca fue publicado y del cual solo sobrevivió un manuscrito (su nombre es un claro homenaje al título del libro de Siebert).

En "Archivos secretos kettlebell" presentamos *"Desarrollo de la fuerza física con y sin kettlebells"*, publicado en 1900 y re-publicado varias veces. En este libro comienza a desarrollar la progresión y periodización con esta herramienta.

Así determina cuidadosamente el volumen y la intensidad de las cargas. Tomando nota sobre el estado del atleta para evitar la lesión.
En su gimnasio solo se permitía aumentar las cargas en no más de 4 kilos y solo si el atleta podía levantar el peso anterior dos veces. Estaba prohibído levantar pesos "al azar o probar suerte".

LA INFLUENCIA ALEMANA.

La influencia alemana en la técnica general tanto de kettlebells como de barra, es innegable. En su propio libro, Krajewski los menciona como fuente de inspiración. Así encontramos al menos 3 personajes en el desarrollo del Dr. Krajewski y por consiguiente de lo que sería el kettlebell como técnica en Rusia:

- Charles Ernst del que ya hemos contado que fue base de inspiración para la creación del club.

- Emil Voss fue invitado en 1887 por el Dr. Krajewski a su "Círculo de Atletas" para demostrar los levantamientos. Allí, explicó muchos de sus secretos y fue una pieza fundamental para el desarrollo de las técnicas que luego popularizaría Krajewksi. Podemos apreciar el cuadro de Voss en lo más alto del altar de fotos de su gimnasio.

- Theodore Siebert, cuya influencia y contacto con Krajewski ya han sido descritos anteriormente.

Grupo de alumnos en los gimnasios del Dr. Krajewski. El tercero desde la derecha es George Hackenschmidt, protegido del buen doctor.

Snatch con una mano

La posición inicial es la misma que cuando se realiza snatch con las dos manos con una pesa, pero la otra mano está libre (Fig. 6). Balancee la pesa rusa entre las piernas y haga snatch (Fig. 7), flexionando ligeramente el codo durante el snatch, por encima de la cabeza (Fig.8) con un brazo extendido. Al realizar snatch, ayúdese a sí mismo ligeramente con las caderas y flexione las rodillas. Así, la pesa está por encima. Trate de no balancearse ni arquearse: el cuerpo enderezado está inmóvil.

No olvide, cuando la pesa rusa ya esté sobre su cabeza, gire el antebrazo para que se deslice sobre su antebrazo y no le haga daño. Intente repetir este movimiento. Para hacer esto, baje el kettlebell frente a usted, flexionando el brazo, pero no hasta el piso, sino de modo que quede suspendido entre sus piernas. Balancéela y realice snatch. Cuando se acostumbre a no tener miedo al snatch varias veces seguidas, aprenda a hacer snatch realizando una estocada. Es decir, simultáneamente al movimiento final de la mano hacia arriba junto a la pierna del lado correspondiente (Fig. 9).

Esta estocada hace que realizar un snatch pesado, resulte más fácil. Sin embargo, al entrenar al máximo de repeticiones, no puede usar una estocada; para que el movimiento sea reconocido como correcto, debe jalar la pesa rusa y sostenerla, con las piernas juntas, aunque no estén muy apretadas al talón. Además, si llegara a fallar en la parte superior del ejercicio, podría golpearse en la rodilla.

7   8   9

Jerk con una mano

Levantando la pesa rusa a su hombro, empújela tanto como sea posible con su hombro y mano (línea de puntos Figura 10), mientras empuja con las caderas y realiza una veloz flexo-extensión de las rodillas. El empujón debe ser tan fuerte que el brazo quede estirado por encima de la cabeza sosteniendo la pesa. Si falló, inténtelo de nuevo un par de veces. Si lo ha logrado, sosténgalo en la parte superior (Figura 8). Ha fijado el peso. "Fijar" significa mantener la pesa rusa inmóvil durante varios (2-3) segundos en la posición que se considera final del movimiento dado (ejemplo: en movimientos básicos - en el brazo extendido por encima de la cabeza). Baje lentamente la pesa sobre su hombro para evitar golpear el hombro. Por si acaso, intente empujar nuevamente sin bajarla al piso. Cuando la pesa esté casi por encima de su cabeza, no olvide girar el antebrazo con la palma hacia adentro: aunque es difícil dañar el antebrazo al realizar jerk, le será más fácil sostener la pesa rusa al hacer este giro.

10

Press con una mano

La pesa, levantada al hombro, lentamente por la fuerza de los músculos de un brazo, principalmente por la fuerza del músculo extensor del codo (tríceps), se eleva por encima de la cabeza hasta que el brazo está completamente extendido (Figura 8). Al mismo tiempo, no se permite doblar las rodillas ni empujar con las caderas.

Puede inclinar ligeramente la parte superior del cuerpo en la dirección opuesta al levantamiento. Un levantamiento particularmente puro en la "postura del soldado" (militar) requiere que el torso esté completamente recto y no arqueado, las piernas juntas, los talones juntos, los dedos de los pies separados y que la mano libre permanezca inmóvil a lo largo del muslo.

8

Jalar con una mano

Posición inicial - figura 11. La pesa rusa, colocada a 20-30 cm delante de sus talones, con su mango paralelo a una línea que va de un talón al otro. Agarre el mango de la pesa rusa con el agarre superior de la mano, jálela rápidamente hacia arriba sobre su cabeza, mientras flexiona las rodillas y ajusta las caderas para que la pesa quede sobre el brazo extendido sobre su cabeza. Preste especial atención a cómo la pesa va hacía arriba: durante todo el movimiento, debe llevarla muy cerca de usted al frente, flexionando fuertemente el codo levantado hacia un lado (Figura 12 - mostrada en línea continua) y sosteniendo la muñeca hacia abajo que se dobla hacia atrás cuando la pesa invertida ya está casi sobre la cabeza (Figura 12 - línea de puntos). Debe doblar la muñeca en la parte superior con mucha suavidad, pero extremadamente rápido, para que la pesa, al girar, no golpee el antebrazo, sino que se deslice.

11

12

MOVIMIENTOS BÁSICOS CON LAS DOS MANOS

Comenzando a describir los movimientos básicos de ambas manos, debemos mencionar una cosa importante. Al igual que en la descripción de los movimientos con una sola mano, a veces se mencionará el consejo de "ayudarse con las caderas". Este consejo debe seguirse solo durante el entrenamiento inicial, cuando cada empujón extra es valioso, lo que reduce el gasto de fuerza requerido en un ejercicio particular para los brazos. Una vez que adquiera el hábito de dar un empujón rápido flexionando y extendiendo las rodillas, trate de evitar empujar con fuerza con la zona lumbar, para no sobrecargar los músculos de la columna. Lo principal es la velocidad al conectar el empujón de los brazos con el trabajo de las piernas.

Jerk con dos manos

Posición inicial - figura 13. Coloque las pesas cerca una de la otra, con los mangos paralelos frente a usted a una distancia de unos 25-30 cm de sus talones, separados 50-70 cm entre sí (dependiendo de la altura). El tronco y las piernas extendidos. Agarrar los mangos de las pesas rusas con las manos desde arriba, - no meter las manos demasiado adentro, - balancearlas hacia atrás con un movimiento rápido, e inmediatamente, sin tocar el suelo con las pesas, lanzarlas sobre sus hombros.

Es decir "a los hombros", con una veloz sentadilla bastante profunda que también es ayudada por las caderas, arqueándose ligeramente al mismo tiempo (Figura 14 - brazada).

Cuando las pesas se carguen a los hombros, extienda las piernas (Figura 14 - línea de puntos), haga el comienzo correcto (¿recuerda?), en el que se debe enderezar todo el cuerpo. Supongamos que no pudo llevar las kettlebells a los hombros después del primer balanceo hacia atrás; en este caso, haga una prueba de balanceo triple: hacia atrás, hacia adelante, hacia atrás y hacia los hombros. Considere llevar kettlebells a los hombros

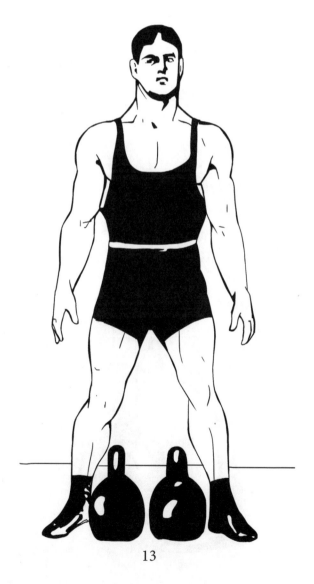

13

como ejercicio preparatorio para el más ligero de los movimientos básicos: jerk, y practique llevarlos a los hombros durante 2-3 días antes de realizar jerk con ambas manos por primera vez en su vida. Entonces, ya puede levantar pesas fácilmente hasta los hombros. Las pesas rusas ya están en los hombros, se ha hecho el inicio correcto. Haga un fuerte jerk hacia arriba con los hombros, los brazos, las caderas, con una veloz flexión de las rodillas. El empujón debe ser lo suficientemente fuerte como para que las pesas vayan inmediatamente a la posición de brazos estirados por encima de la cabeza (Fig. 15 - líneas discontinuas). Inmediatamente, gire los antebrazos, las palmas hacia afuera y hacia adelante, y enderece las rodillas. Fije las pesos (Fig. 15 - línea de puntos).

Para que el jerk se haga con éxito, debe hacerse con el hombro, brazo y caderas al mismo tiempo y coincidir con la flexión de las rodillas. Practique empujar sin pesas varias veces. En la posición inicial, no debe permanecer de pie durante mucho tiempo, inclinado sobre las pesas; evite esto en absoluto cuando trabaje con pesas grandes: la sangre corre a la cabeza y, además, se pierde la confianza. Además, no debe, comenzando el ascenso varias veces, intentar levantar ligeramente el peso del piso.

Cuando se acostumbra a realizar jerk con pesas con las dos manos, puede recurrir a una estocada: después de una veloz sentadilla, una pierna flexionada a la altura de la rodilla (generalmente la derecha) va hacia adelante (Fig.16 - línea de puntos) y la otra o permanece en su lugar o, simultáneamente con la estocada hacia adelante de la pierna derecha, se queda detrás en la punta del pie.

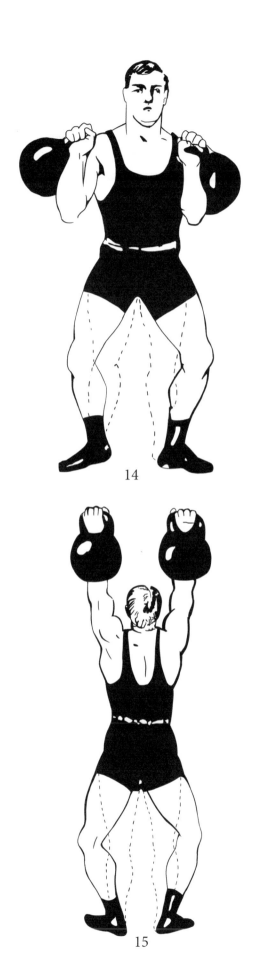

14

15

Pytla

PERIODO CLÁSICO [1863 - 1933]

MAESTROS DE LA FUERZA

ORIGEN:

Varsovia, Polonia.

NOMBRE VERDADERO:

Ladislaus Pytlasinski.

HABILIDAD DESTACADA:

Lucha Grecorromana.

LEGADO:

El "padre" de la lucha polaca.

ELEMENTO PREFERIDO:

Kettlebells.

HIGHLIGHT:

3 veces campeon Mundial de Lucha.
Entrenador de Stanislaus Zbysko.
Fundador de la Sociedad Atlética Polaca.

46

Ladislaus Pytlasinski nació en 1863 en Varsovia, Polonia. Fue hijo de un carnicero y fue mecánico de profesión. A causa de la "Insurgencia de Enero", el conflicto entre Polonia y la Rusia Zarista, se vio obligado a escapar hacia Suiza. Fue allí donde comenzó su carrera como luchador.

Se especializó en lucha grecorromana, también incorporando ciertos elementos de la lucha libre y contaba con muy buenas condiciones físicas. Su carrera como luchador fue muy exitosa, habiendo ganado 794 de sus 800 peleas profesionales.
Ganó el clásico Campeonato Mundial de Lucha de París en 1898, 1899 y 1900. Entre sus contemporáneos se encontraban grandes figuras tales como Paul Pons, Ivan Poddubny, Kara Ahmed, Georg Lurich y George Hackenschmidt.
Además de luchar en torneos y exhibiciones, Ladislaus se dedicó a buscar nuevos talentos. En 1901 conoció a un joven Stanislaw Cyganiewicz (más conocido como Zbyszko). Pytlasinski lo contrató como sparring y comenzó a entrenarlo. Junto a Zbyszko, trabajaron en diversos circos, como luchadores de exhibición.

Pytla fue un gran profesor de Lucha Greco-romana en Rusia. Su habilidad, credenciales profesionales y contactos políticos le permitieron ocupar posiciones de mucha influencia dentro del ambiente de la Lucha Libre profesional. Así y reconociendo su habilidad, tuvo como alumnos a Hackemnschmidt, Lurich, Eliseev, Ribopier, los hermanos Meyer y Lebedev.

En 1918, cuando Polonia recobró su independencia, Pytla regreso a su país y entregó todos sus trofeos y medallas de oro al Tesoro Nacional, razón por la cual fue galardonado con la "Cruz de Mérito". Se convirtió en comandante de la Guardia Civil y luego en Jefe de la Policía Criminal de Varsovia.
Así fue que comenzó a entrenar a las fuerzas policíacas en lucha y defensa personal, al tiempo que organizaba torneos amateurs. Luego, en 1922, fundó la Sociedad Atlética Polaca la cual formaría parte de la Federación Internacional de Lucha.
Publicó 2 libros, "Secretos de la Lucha" (1929) y "Levantamiento de Pesas" (1930), presentado en "Archivos secretos kettlebell".
Paralelamente a su carrera como luchador, Ladislaus también fue actor. Participó en diversas obras teatrales en Ucrania y Rusia, así como en 2 películas polacas en la década de 1920s.

Jerk con las dos manos y "molino"

Después del inicio correcto, las pesas rusas se elevan hasta los hombros. Lentamente, con la fuerza de los brazos únicamente, se elevan por encima de la cabeza con los brazos completamente estirados (Fig. 16 - línea de puntos). No se permite agacharse ni empujar con las caderas: las piernas están completamente rectas. Al principio, puede permitirse inclinar ligeramente la parte superior del cuerpo hacia atrás, pero luego aprenda a levantar sin esta desviación. Al levantar, es necesario entrenar especialmente al máximo de repeticiones, con un peso que le resulte liviano. En cada repetición, es necesario "fijar" la pesa rusa en la parte superior y soportar el comienzo en los hombros. Tiene que bajar las pesas sobre los hombros sin ninguna tensión. Si bien no es un movimiento básico, los levantamientos alternos o "molinos" son muy útiles para entrenar levantamientos y desarrollar la fuerza del brazo sin ser tan tedioso como levantar dos pesas simultáneamente. El molino (N de J.M: "seesaw" o "subibaja" como se lo conoce en la actualidad) se hace así: después de levantar las pesas hasta los hombros, levante una pesa sobre su cabeza; Tan pronto como la pesa levantada comience a bajar, comience a levantar la otra. Así resulta que se produce un levantamiento alternado con cada mano; y el momento de levantar una pesa coincide con el inicio de bajar la otra (Fig. 17).

Para facilitar este movimiento, puede inclinar ligeramente el torso en la dirección opuesta al levantamiento, pero las piernas deben estar inmóviles y no doblarse por las rodillas.

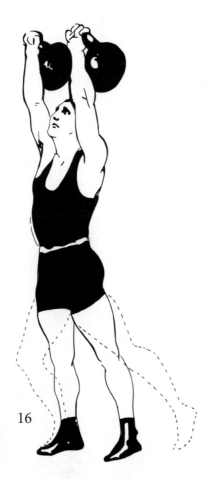

16

17

Snatch con dos pesas

Posición inicial (fig. 13 - pág. 43). Agarrando los arcos de las pesas rusas con las manos desde arriba (Fig.18), haga uno, dos o tres balanceos hacia adelante y hacia atrás entre sus piernas y realice el snatch. Flexione ligeramente los codos durante el movimiento, lleve las pesas frente a usted y aprovechando el balanceo hacia arriba, alcance la posición por envima de su cabeza con los brazos extendidos (el momento de levantamiento se muestra con la línea de puntos en la Fig. 18). Manténgase en esta posición. Este movimiento se ve facilitado en gran medida por el lanzamiento simultáneo de los brazos junto a la flexión-extensión de las rodillas y un empujón de las caderas cuya fuerza, cuando se expulsa, generalmente juega un papel importante. Anteriormente, snatch con los brazos estirados se consideraba un ejercicio independiente e incluso se establecían récords en él (especialmente cuando se trabaja con una mano). El llamado snatch "de manos colgadas" se discutirá a continuación.

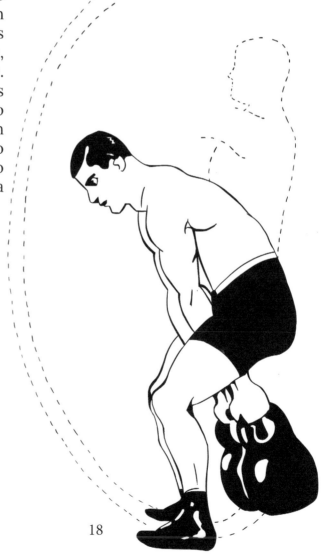

18

49

Jalar con las dos manos (de dos maneras)

Posición inicial - fig. 19. Las piernas separadas no más del ancho de los hombros. Las pesas se colocan a los lados, los mangos están paralelos entre sí, casi pegadas a las piernas. Agachándose rápidamente y agarrando los mangos de las pesas con el agarre superior (Fig. 20), levante las pesas, sin detenerse en los hombros, inmediatamente por encima de su cabeza con los brazos estirados (Fig. 21 - línea de puntos). No se balancea con los brazos - durante todo el movimiento, las manos "llevan" las pesas cerca del cuerpo desde los lados, y los codos están fuertemente flexionados hacia los lados - hacia arriba (Fig. 21 - línea discontinua).

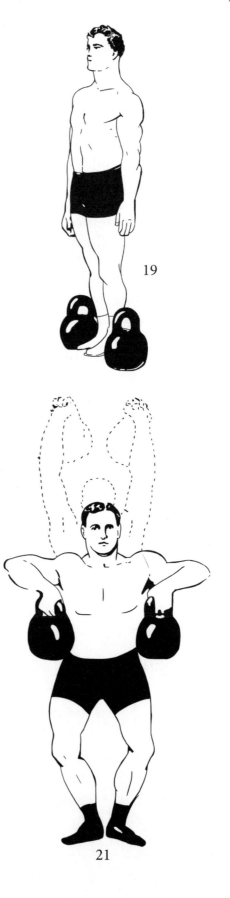

19

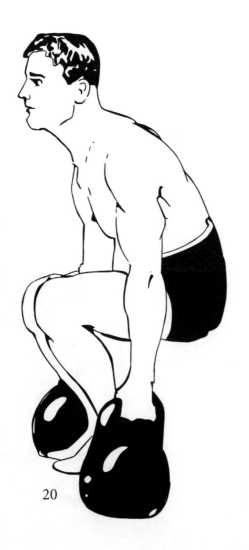

20

21

Es posible prescindir del balanceo, pero solo si tiene hombros muy fuertes.

Hay otra forma de realizar este ejercicio. En la posición inicial, las piernas se encuentran un poco más separadas y las pesas están cerca una de la otra. Los mangos de la pesa están paralelos a la línea en la que se encuentran los talones y casi al ras con la mitad delantera de la parte interior de su pie. Agarrando los mangos, levante rápidamente las pesas sobre su cabeza como en el primer método, pero no las lleve a los lados, sino al frente, bien cerca del cuerpo. Use la misma sentadilla con las rodillas y empujón con las caderas para facilitar el movimiento (fig. 23). El snatch sin balanceo es uno de los ejercicios con pesas rusas más bellos, pero requiere un ritmo muy rápido, preciso y corto. El jalón en sí debe ser suave y fluido.

23

22

51

MOVIMIENTOS ADICIONALES

Los movimientos de este grupo incluyen:

1. Snatch, jalar, clean y press con una o dos pesas boca arriba (el llamado "al revés" o "bottom up").
2. Jalar de los bíceps con uno o dos brazos.
3. Bajar con una pesa rusa en la mano a una posición acostada y luego levantarse (Levantada Turca).
4. Press acostado.
5. El puente.
6. Arrastrar ("Two Hands Anyhow").
7. Extender y llevar fuera ("Bras Tendú" y "Crucifijo").
8. Ponerse de pie con una pesa rusa y ponerse en cuclillas ("Sentadilla Hack").

Casi cada uno de ellos tiene varios tipos, y en algunos de ellos los viejos atletas de levantamiento de pesas alcanzaron récords enormes.

Snatch con la base hacia arriba

Este movimiento es el más popular. Pero antes de hacerlo, aprendamos a agarrar correctamente el mango de la pesa rusa con la cual queremos hacer snatch al revés. Por lo general, agarran el mango del lado junto al cuerpo de la pesa rusa. No es correcto: la pesa debe "asentarse" firmemente en la palma de la mano, agarrándola y con la muñeca ligeramente doblada hacia atrás (Fig. 24). Puede parecer extraño al principio, pero cuando se acostumbre a sostener la pesa rusa en posición vertical en una mano ligeramente doblada, verá que no hay una mejor manera de mantener el equilibrio y que levantar la pesa boca arriba no requerirá más fuerza en los dedos (que necesita desarrollar) que para otros tipos de levantamiento de pesas rusas.

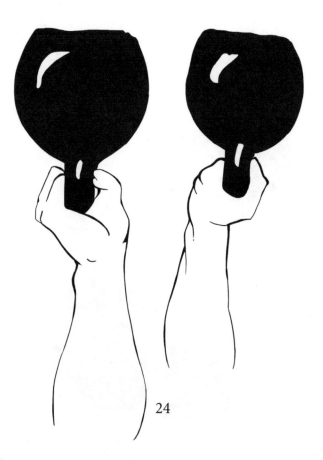

24

Entonces, habiendo aprendido a agarrar el arco, pasemos a realizar snatch con la base de la pesa hacia arriba. Es bastante simple: el peso se jala de acuerdo con las reglas habituales, solo que, como ya se mencionó, la mano se dobla ligeramente hacia afuera (Fig. 25). Asegúrese de que la pesa (especialmente cuando se encuentra al final del recorrido, sobre la cabeza y con el brazo extendido), mantenga el equilibrio con la base hacia arriba y no caiga sobre el antebrazo. Para aprender rápidamente a mantener el equilibrio, intente sostener la pesa rusa sobre su cabeza en una posición con la base hacia arriba durante unos segundos (Fig. 26).

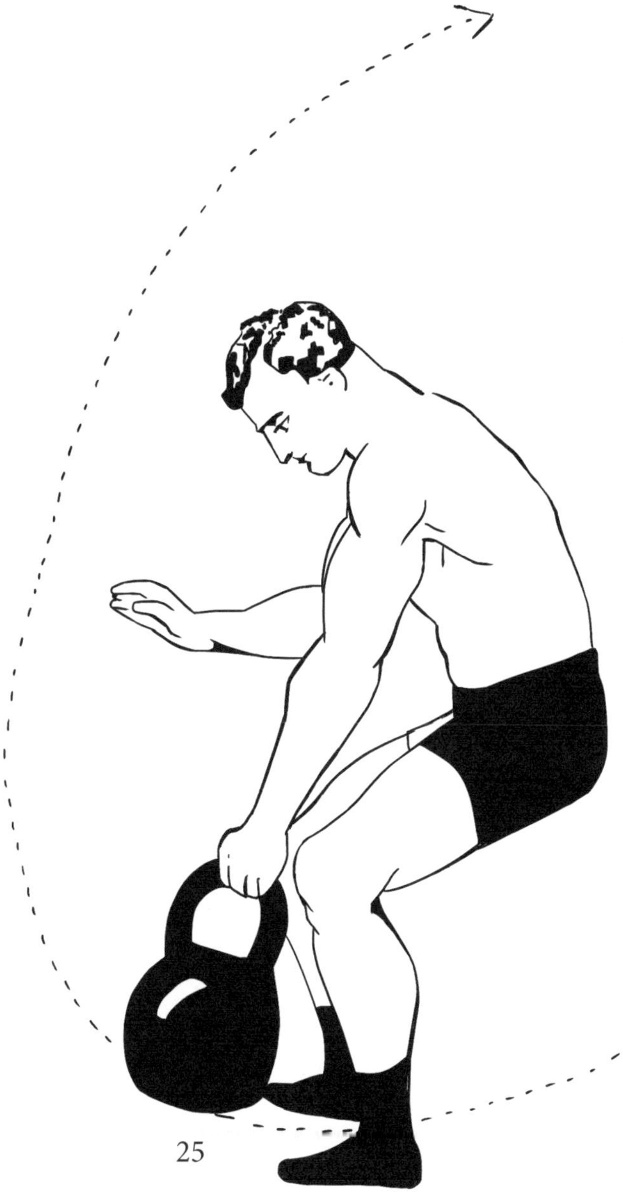

25

26

Press con base hacia arriba

Esto es más difícil que el snatch, porque tiene que mantener el equilibrio por más tiempo: desde el hombro (Fig. 27 - línea continua) hasta la posición del brazo extendido por encima de la cabeza (Fig. 27 - línea de puntos). Pero si la pesa se coloca correctamente en su mano (Fig. 24), se acostumbrará al equilibrio muy rápidamente. El dominio de esta habilidad se logra con el entrenamiento para sostener la pesa rusa con la base hacia arriba en el hombro.

Jerk con la pesa rusa con la base hacia arriba

Este tipo de levantamiento, relativamente difícil para mantener el equilibrio, apenas se practica.

27

Snatch con dos pesas con las bases hacia arriba

Se hace de acuerdo con las mismas reglas de siempre, con la misma aceleración "atrás-adelante-atrás" (Fig.28).

Acostúmbrate a la correcta fijación en la posición superior, que es especialmente importante a la hora de jalar o al realizar snatch "al máximo de repeticiones". Hay una forma muy difícil de realizar snatch: "de las manos colgadas". El atleta sostiene las pesas rusas en sus manos, estiradas hacia abajo "en las costuras" (Fig.29 - línea continua), y con aceleración las lanza desde los lados hacia los brazos estirados sobre su cabeza boca arriba (Fig.29 - línea discontinua). Quizás esta sea una de las formas más difíciles de levantar pesas. Se puede lanzar de las manos "colgadas" y de modo que los cuerpos de las pesas rusas caigan sobre los antebrazos, es decir boca abajo, lo que, por supuesto, es incomparablemente más fácil. Cuando se lanza de las manos colgadas, un ligero balanceo del cuerpo en el ritmo del movimiento ayuda enormemente.

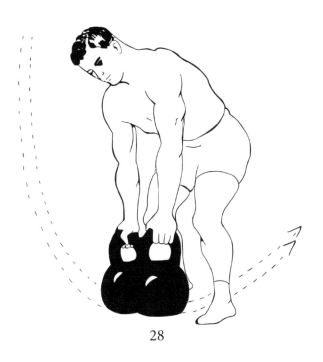

28

Jalar con dos pesos boca arriba

Hay dos formas de hacerlo, al igual que con la acción de snatch ordinaria: las pesas están de lado a ambos lados o al frente. Jalar o "snatch desde los brazos colgando" es incomparablemente más difícil que el snatch tradicional, ya que esto último todavía se facilita mediante una serie de balanceos hasta que se obtiene la amplitud deseada. Para la mayor belleza de este ejercicio, debe estar de pie, sosteniendo las pesas sobre la cabeza, completamente inmóvil.

Nota de Jerónimo: Lebedev establece dos movimientos snatch (con impulso previo) y jalar, dirccto sin impulso.

29

Press con dos pesas boca arriba con "el molino"

En los viejos tiempos, levantar dos pesas rusas boca arriba era muy común entre los atletas, a pesar de su gran dificultad. Tanto a ello como al "molino" se le daba especial importancia porque gracias a ellos el deportista se acostumbraba a trabajar con ambas manos con mucha tensión, manteniendo al mismo tiempo un largo equilibrio y fortaleciendo así antebrazos y manos. Como ejercicio, levante las pesas hasta los hombros boca arriba y manténgalas en esa posición. (Fig. 30).

30

Jalar con los bíceps con uno y dos brazos

Un movimiento que desarrolla a la perfección los bíceps (los músculos que flexionan los brazos). La pesa rusa se toma en los bíceps de esta manera: agachándose, agarre el arco de la pesa rusa de tal manera que el codo esté doblado casi en ángulo recto, y la mano, que cubre el arco de la pesa rusa desde abajo, se doble hacia arriba y hacia adentro (Fig. 31). Jale al enderezarse, llevando la pesa rusa hasta el hombro, flexionando el codo. Está prohibido empujar con la espalda baja y las rodillas o desviar el torso; solo funciona el brazo (Fig. 32). Se permite apoyar el codo en el estómago o las costillas. Se utilizan las mismas reglas para jalar con bíceps con ambas manos (Fig. 33 y 34).

31

32

33

34

Morro Dimitriev

PERIODO CLÁSICO **[1882 - 1938]**

ORIGEN:

Moscú, Imperio ruso.

ESPECIALIDAD:

Levantamiento de Pesas - Entrenador de Campeones.

HABILIDAD DESTACADA:

Levantar pesos pesados con una técnica impecable, mientras sonreía y gesticulaba.

ELEMENTO PREFERIDO:

Barras y Kettlebells.

HIGHLIGHT:

Fundar su gimnasio "Arena del Desarrollo Físico" en Moscú.

Entrenar a campeones de la talla de Alexander Bukharov y Pyotr Krylov.

Sergei Ivanovich Dmitriev [1882-1938], más conocido como Morro-Dmitriev, fue uno de los levantadores de pesas más famosos del Imperio Ruso, previo a la Revolución.

Proveniente de una familia con recursos económicos, se formó como artista y trabajó como diseñador para la prestigiosa joyería de Fyodor Antonovich Lorie, una de las firmas más destacadas en la producción de artículos de oro y plata en Rusia.

El mismo Lorie era un entusiasta de los deportes de fuerza que además consideraba al joven Morro como uno de sus más valiosos empleados. Por esas razones, cedió un espacio dentro de su propiedad (donde también funcionaba su tienda y su taller) para que Dmitriev fundara su gimnasio "Arena del Desarrollo Físico".

De esta manera, comienza la actividad de uno de los más importantes clubes privados de Cultura Física de Moscú. Allí y bajo la dirección de Dmitriev, se entrenan famosos campeones, tales como Alexander Bukharov y Pyotr Krylov, más conocido como "El Rey del Kettlebell".
Se dice que Dmitriev daba especial importancia a la técnica y a la presentación antes de cada ejercicio y sobre todo, al ejercicio con pesos pesados.

Luego de la revolución, Dmitriev continuó trabajando como "entrenador público" en los primeros clubes de levantamiento de pesas abiertos al proletariado y a los ciudadanos de bajos recursos económicos.

También, estuvo encargado del diseño de la gran mayoría de las medallas y trofeos utilizados en las competencias deportivas organizadas por la Unión Soviética durante las décadas de 1920 y 1930.

Como dato de color, cabe mencionar que Dmitriev tuvo una segunda carrera deportiva como futbolista (en posición de mediocampista) en el famoso Club Dynamo de Moscú.

Puede jalar la pesa con bíceps desde el suelo y en las palmas de la manos. Para hacer esto, la mano, colocada debajo de la parte inferior de la pesa, se dobla ligeramente hacia adentro (Fig. 35). Cuando se toma la pesa rusa en la palma de la mano con el bíceps hacia el hombro, debe girar el antebrazo hacia adelante (Fig.36), y para una mayor plenitud del movimiento, la pesa rusa se levanta por encima de la cabeza. (N. de J.M: este movimiento es nombrado por otros autores contemporaneos a Lebedev como "levantamiento suizo"). En este caso, el peso se vuelve a bajar sobre la palma: primero al hombro, luego se retrasa en ángulo recto con el estómago (como se muestra en la Fig. 36) y solo entonces se baja al suelo. Para jalar dos pesas rusas de 32 kilos desde el suelo, necesita bíceps extremadamente fuertes. Pero con pesos de 16 kilos y con pesas de diferentes pesos, si no es demasiado perezoso para hacerlos, este ejercicio puede recomendarse. Aunque los pesos son jalados exclusivamente por los bíceps, casi todos los músculos del cuerpo intervienen en el trabajo debido a la flexión y enderezamiento de piernas y tronco. Además, este ejercicio es muy bonito. También hay un jalón "de las manos colgadas". Se realiza de la siguiente manera: los brazos que sostienen las pesas se extienden hacia abajo a lo largo de las "costuras", los antebrazos miran hacia adelante con el lado interno, los codos se presionan contra las costillas con sus partes laterales, las muñecas se flexionan bruscamente hacia arriba (Fig.37 - línea continua). Con la fuerza de solo bíceps, flexionando los codos, jale las pesas hasta los hombros. No se permite empujar ni ponerse en cuclillas. El cuerpo debe estar completamente recto. Al bajar, debe mantenerse en ángulo recto. En general, se requiere bajar el peso desde los bíceps de manera muy lenta y suave para que no se produzcan lesiones. En general jalar pesas rusas de 16 kilos desde "brazos colgando" al máximo de las repeticiones, es un ejercicio excelente tanto para los bíceps como para todos los músculos de los brazos y la cintura escapular.

Con el fin de ser reconocido como correcto, el jalón con una mano desde brazos colgando debe realizarse sin ningún tipo de apoyo sobre el estómago.

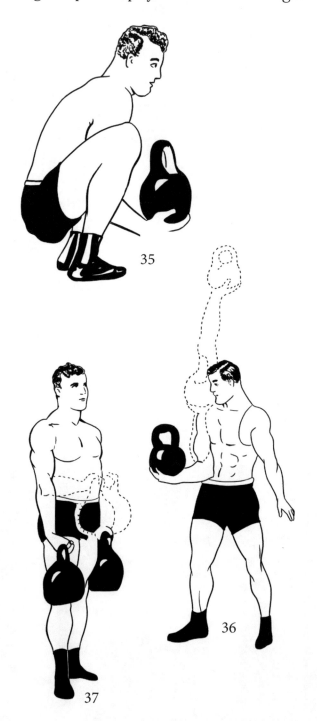

35

36

37

Acostarse y levantarse con una pesa

Este movimiento desarrolla agilidad y flexibilidad en el deportista y al mismo tiempo, le enseña a mantener el equilibrio. Se hace de la siguiente manera: levantando la pesa con un brazo extendido por encima de la cabeza (generalmente para este movimiento, con un snatch o un jalón), colóquese sobre la rodilla opuesta, apoyando la palma de su mano libre en el piso (Fig. 38); luego, desde la palma de su mano, bájese sobre el codo, mientras simultáneamente extiende la pierna del lado correspondiente en el piso (Fig. 39); desde el codo, debe bajar al piso con ambos hombros, es decir, acuéstese boca arriba, sosteniendo la pesa rusa con un brazo extendido (Fig. 40). Luego levántese de la misma manera: levántese a la posición que se muestra en la Figura 39, etcétera. El mismo movimiento se puede hacer sosteniendo la pesa rusa en la palma de su mano o boca arriba.

38

39

40

Press acostado

Acuéstese boca arriba, las piernas extendidas están separadas por 20-25 cm de un talón hasta el otro, las pesas rusas se colocan con los mangos oblicuos a ambos lados de la cabeza. Sujete los mangos de las pesas con las manos desde abajo, levantando los codos lo más pronunciadamente posible hacia arriba (Fig.41 - línea continua). Luego, jale los kettlebells hacia arriba y adelante por encima suyo hasta que sus codos queden apoyados en el suelo y las pesas justo por encima de su pecho (línea de puntos inferior en la Fig. 41). Con la fuerza de los brazos, levante las pesas hacia arriba por encima del pecho hasta que los brazos estén completamente extendidos (línea de puntos superior en la Fig. 41). Este ejercicio es muy bueno cuando su espalda está cansada pero sus brazos aún necesitan seguir ejercitándose.

Lo mejor es levantarse de este movimiento de la siguiente manera: colocando las pesas rusas en su lugar inicial en el piso y agarrándose firmemente a los arcos, balancee hacia arriba con las piernas cerradas, doble el torso en el abdomen (Fig.42) y gire hacía atrás sobre sus hombros y cabeza, doblándola. Empujando con fuerza las pesas rusas con las manos, párese.

41

42

Levantamiento "clásico" del puente y "el puente alemán"

Posición inicial: apoyado en el suelo solo con los pies y la coronilla, dele a su cuerpo la posición de un arco o un puente redondo, y trate de inclinarse hacia arriba lo más pronunciadamente posible. Las pesas rusas se colocan con arcos oblicuos hacia afuera, muy cerca una de la otra, a los lados de sus sienes. Sujete los arcos de las pesas rusas desde abajo (Fig. 43 - línea continua) y, levantando los codos hacia arriba lo más posible, tire las pesas rusas con la fuerza de los antebrazos hacia los hombros. Sin cambiar la posición de las manos, levante las pesas, contrayendo los tríceps (Fig. 44). Este es el llamado puente "clásico". También existe otro tipo de puente: cuando el deportista se apoya en el suelo no solo con los pies y la coronilla, sino también con la parte posterior de la cabeza y los hombros. Este puente es mucho más fácil, pero el peso levantado con su ayuda no se considera un récord. Recibió el nombre de "puente alemán" porque los atletas alemanes solían recurrir a él, cuyo grosor les impedía hacer el puente correctamente.

Se recomienda ponerse en la posición para el puente clásico de la siguiente manera: agarre los arcos de pesas rusas desde arriba, siéntese, apoye la corona en el piso y balancee las piernas en el aire, arqueando la espalda, en una posición similar a un puente (Fig.43 - línea de puntos). De la misma manera, con un balanceo inverso de las piernas, pasar por encima de la cabeza desde el puente hasta los pies en posición. Si los músculos de su cuello aún no se han fortalecido, acuéstese primero simplemente sobre su espalda y luego, doblando el cuello, párese en el puente y agarre los arcos de las pesas rusas. Además del excelente desarrollo de los músculos del cuello, el puente también obliga a trabajar a todos los músculos de la espalda y a la mayoría de los músculos de las piernas. Anteriormente, el puente se veía como una técnica que promueve el flujo de sangre a la cabeza y, por lo tanto, dañina, pero esto es erróneo: si lo hace correctamente y no se excede, entonces este ejercicio es saludable y conveniente.

43

44

Arrastrar la pesa (Two Hands Anyhow)

Sosteniendo una pesa rusa en una mano estirada sobre su cabeza, tome otra con su mano libre desde el suelo hasta el bíceps (Fig.45) y, lenta y suavemente jálela hacia el hombro (Fig.46 y 47 - una línea continua), realice un press (o, en el peor de los casos, realice jerk) hacia arriba sobre la cabeza con un brazo extendido (Fig. 47 - línea de puntos). Luego baje la pesa hasta el hombro y, lentamente, flexionando los bíceps, colóquela en el suelo; después de eso, enderece y, con la misma lentitud, baje la otra pesa rusa con los bíceps hasta el suelo. Al llevar la pase al hombro no debe ayudarse con su rodilla. Preste atención al hecho de que la pesa que se jala debe estar en el piso entre sus piernas abiertas con el mango oblicuo a su mano. Con un buen entrenamiento en este movimiento, bajando para jalar, nunca tiene que "buscar" la pesa: la mano la encuentra de inmediato. Es más fácil jalar con la mano derecha, pero para que ambas manos estén igualmente entrenadas, jale con ambas manos alternadamente.

45

46

47

Extensión y abducción

Puede realizarse de dos maneras: sosteniendo las pesas con la campana sobre los antebrazos o con las campanas colgando hacia abajo. No hace falta decir que el segundo método es mucho más difícil.

Con el primer método, la extensión se realiza de la siguiente manera: se levantan pesos con los brazos extendidos por encima de la cabeza. Baje los brazos, gire los antebrazos con las palmas hacia abajo de modo que los cuerpos de las pesas se encuentren en el lado superior (exterior) de los antebrazos, hasta una posición horizontal (Fig. 48 - línea continua). Habiendo fijado las pesas en esta posición, bájelas al suelo, doblando los brazos o lleve los brazos a la posición inicial por encima de la cabeza (Fig. 48 - línea continua). Con brazos cortos, este ejercicio es relativamente más fácil, aunque requiere mucha fuerza.

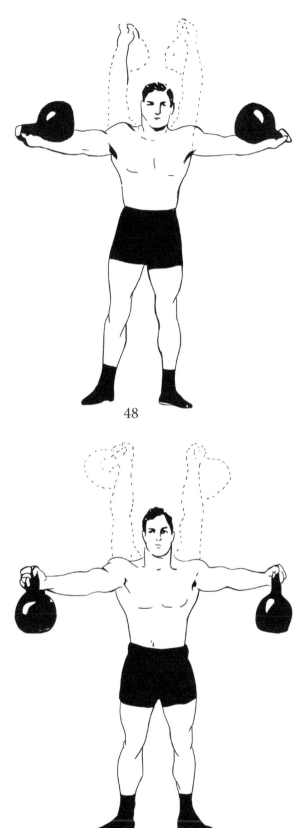

48

La extención de las pesas con los cuerpos hacia abajo es muy difícil: las pesas se elevan por encima de la cabeza, acostadas hacia abajo en los lados externos de los antebrazos (Fig. 49 - línea de puntos). Lenta y muy suavemente, baje los brazos hacia los lados hasta una línea horizontal y sosténgalas sin doblar los codos (Fig. 49 - línea continua). Con el primer método, las muñecas se giran hacia arriba y hacia atrás, con el segundo, hacia arriba y hacia adelante. Cuando realice la extención con las campanas hacia abajo, debe pararse con mucha firmeza sobre los pies (Unos 30-40 cm de distancia entre los talones) y tener cuidado de que las pesas, al caer

49

con todo su peso desde arriba hacia abajo, no tiren de sus manos demasiado fuerte. Al entrenar con kettlebells de un pud (16 kilos), es muy bueno volver a levantar las manos, es decir, entrenar al máximo de repeticiones. Para poder extender pesas de 32 kilos, además de una gran fuerza, se requiere un entrenamiento demasiado largo en este tipo de movimiento.

La abducción de los hombros con pesas se realiza de la siguiente manera: los brazos se extienden por encima de la cabeza, las pesas se encuentran por detrás de los antebrazos (Fig. 50 - línea de puntos). Lleve los brazos hacia abajo y hacia adelante hasta la posición de las pesas al frente, a la misma altura que los antebrazos (Fig. 50 - línea continua). Luego, lleve las manos a la posición inicial.

Con una mano, se practica la abducción hacia adelante y hacia los lados. En el último caso, con la campana de la pesa rusa en el antebrazo o con la misma hacia abajo. Tenga en cuenta que no puede desviar el torso hacia atrás o hacia un lado. Existe un método original, adoptado especialmente en Francia, de la abducción de una pesa rusa con agarre superior: la pesa se coloca con su boca hacia abajo (Fig. 51).

Teniendo en cuenta que las pesas francesas, que se asemejan a ladrillos truncados en su forma, tienen un arco muy delgado, hay que decir que el movimiento, a pesar de la gran dificultad, es un excelente ejercicio para el antebrazo y la mano.

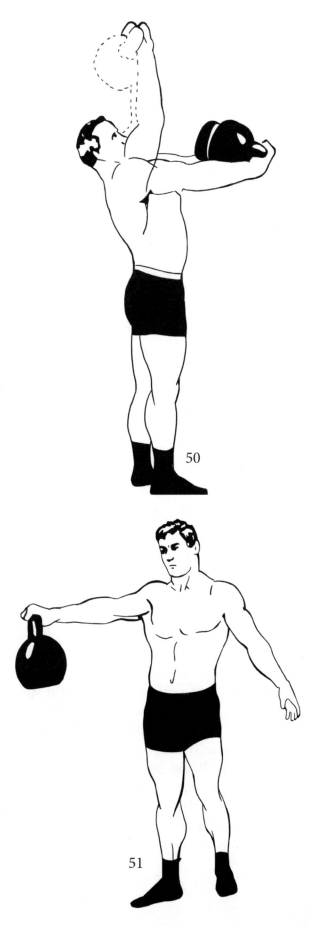

50

51

Sentadillas con una pesa (Hack Squat)

Este movimiento debería llamarse más correctamente "ponerse de pie con una pesa rusa", ya que la posición inicial es sentarse. Desde una posición de sentadilla completa, agarra el mango de la pesa rusa colocada detrás de su espalda (Fig. 52 - línea continua). Extendiendo las rodillas y enderezándose, levante la pesa sin flexionar los codos, solo extendiendo las rodillas (Fig. 52 - línea de puntos).

El movimiento debe realizarse apoyado sobre los dedos de los pies, pero al principio, para no balancearse hacia adelante, puede pararse sobre todo el pie. Al entrenarse al máximo de las repeticiones, no baje la pesa rusa al suelo sino deténgala a la altura de 4-5 cm del piso y comience a levantarse, sosteniéndola así. Al ponerse en cuclillas no debe sentarse en el arco de la pesa rusa.

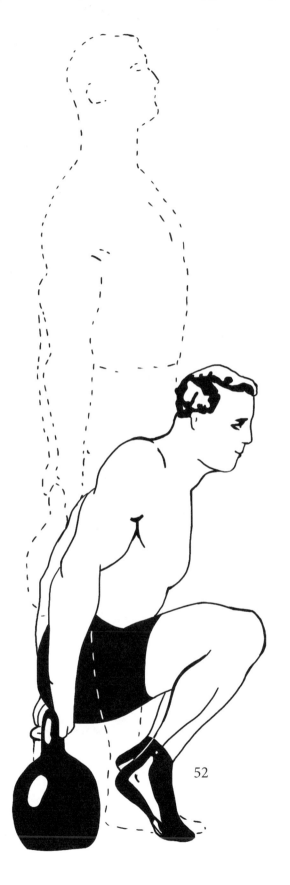

52

67

George Hackenschmidt

PERIODO CLÁSICO [1877 – 1968]

ORIGEN:

Dorpat, Imperio Ruso (actual Estonia).

ESPECIALIDAD:

Luchador y Levantador de pesas.

HABILIDAD DESTACADA:

Lucha Grecoromana, Libre y Catch.

ANTAGONISTA:

Frank Gotch. Georg Lurich.

ELEMENTO PREFERIDO:

Barra y mancuernas.

HIGHLIGHT:

6 veces Campeón Mundial consecutivo de Lucha Greco-Romana.

Artista honorable de la Federación Rusa.

Honorable Maestro del Deporte.

Georg Karl Julius Hackenschmidt, fue un famoso luchador profesional y levantador de pesas, escritor y filósofo del deporte, reconocido como el primer Campeón Mundial de Peso Pesado de la historia de la Lucha.

Nacido en Dorpat, Imperio Ruso (actual Estonia), se educó e inició en el deporte en la ciudad de Reval y se entrenó luego en San Petersburgo, bajo el tutelaje del Dr.Krajewski; sin embargo vivió la mayor parte de su vida en Londres, donde fue conocido bajo el seudónimo de "El León Ruso".

Se le dá crédito por haber inventado el movimiento de lucha conocido como "El Abrazo De Oso" (una maniobra que se convirtió prácticamente en una expresión de la cultura pop) y por haber sido el precursor del ejercicio "banco plano" y la "sentadilla hack".

Fue reconocido por su impresionante fuerza, estado físico y flexibilidad y más tarde en su vida, por haber escrito libros sobre cultura física y entrenamiento, así como también sobre filosofía.

Su libro, "El Modo De Vivir" [1908] es considerado uno de los "Clásicos de la Cultura Física" y la mayoría de sus contenidos siguen vigentes hoy en día.

Como luchador profesional, luego de ganar notoriedad al vencer al famoso luchador francés Paul Pons por el Campeonato Europeo (1898), haber obtenido el primer puesto en el Campeonato Ruso (1899) y ganado el Campeonato Mundial de 1901 en París, viajó a Inglaterra; donde su carrera tomó mayor vuelo.

Su aspecto físico, su capacidad para expresarse verbalmente, su cultura e intelecto, sumado a su éxito en el deporte,

le abrieron las puertas a las altas esferas de la sociedad, donde supo manejarse con naturalidad.

Luego viajó a los Estados Unidos, donde bajo las reglas del catch-as-catch-can, venció al luchador Tom Jenkins, por el "Título mundial de Lucha Libre de peso pesado" en el Madison Square Garden en 1905.

En 1908 y 1911, Hackenschmidt se enfrentó a la estrella de la lucha norteamericana, Frank Gotch. Estos dos encuentros legendarios, son considerados como unos de los eventos deportivos más destacados del deporte norteamericano a comienzos del siglo 20 y dispararon la popularidad de la lucha como entretenimiento a nivel mundial. Hackenschmidt perdió ambos encuentros y las circunstancias de su derrota son motivo de discusión incluso hasta nuestros días.

En 1939 se naturalizó francés, al casarse con Rachel Marie. Luego en 1946, se mudaron juntos a Londres, donde vivieron el resto de sus días. Se mantuvo en forma física hasta su vejez, y se dice que a los 80 años, aún realizaba "press de banca" con 70 kilos y frecuentemente salía a correr 10 km. George Hackenschmidt falleció en 1968, a la edad de 90 años.

El libro de Hackenschmidt que traduci, compilé y escribí en el año 2020.

Movimientos Especiales – Snatch sin impulso con agarre interno

La mano se coloca a través de la ventana de la pesa rusa (el espacio entre el mango y la campana), con el pulgar envolviendo el mango en la parte superior en su lado interno, y el resto se apoya firmemente en la mitad superior delantera de la campana (Fig.53 - imagen de una mano: inferior). Realize el snatch llevando las pesas hacia arriba y cuando estas alcanzan la posición por encima de la cabeza, flexione suficientemente los codos, de forma tal que la campana de la pesa descanse en la palma de la mano (imagen superior de una mano en la Fig. 53). Este movimiento requiere un entrenamiento especial; para no dañar las muñecas (es posible que se produzcan esguinces), se recomienda entrenar con pesas de peso medio: la mano, tal vez, no quepa en la ventana de una pesa de 16 kilos, y con un kettlebell de 32 kilos, solo aquellos que ya están suficientemente entrenados y tienen una mano fuerte pueden iniciar este movimiento. Cuando se hace con ambas manos, este ejercicio es muy hermoso. Baje al piso lentamente, doblando la muñeca hacia abajo y adelante.

53

"Molino" circular de una mano

Este fue un ejercicio muy común entre los levantadores. Piernas separadas a 30-40 cm; el brazo derecho se extiende hacia abajo frente al muslo. Balancee la pesa rusa al frente hacia la izquierda, mientras flexiona la rodilla izquierda; luego, balancéela hacia la derecha, flexionando entonces la rodilla derecha al mismo tiempo, mientras extiende la izquierda; Aprovechando el impulso, realice un balanceo circular frontal de izquierda a derecha, flexionando primero la rodilla izquierda y luego, al enderzarla, flexionando la derecha. Cuando la mano alcance dibujar el círculo completo, procure mantener la pesa en posición de forma tal que no caiga sobre su antebrazo (la pesa se encuentra con su base apuntando hacia arriba cuando pasa por encima de la cabeza). Repita el ejercicio 2 o 3 veces seguidas, manteniendo el ritmo. Durante las repeticiones del círculo completo, desvíe el cuerpo hacia el lado contrario al que se dirige la pesa para mantener su equilibrio (Fig. 54). Luego repita el ejercicio con el brazo izquierdo.

54

Acostarse y levantarse con pesas

Comience con ambas pesas en la posición por encima de la cabeza. Descienda mientras mantiene el cuerpo erguido, primero apoyándose sobre la rodilla derecha para luego sentarse sobre ella, hasta alcanzar la posición (Fig. 55). Desde allí, comienza a extender las piernas hacia adelante, llevando primero la pierna derecha y luego la izquierda. Acto seguido, baje el torso de forma controlada hasta apoyar toda la espalda en el suelo, mientras mantiene los brazos extendidos perpendiculares al mismo (Fig. 55, línea de puntos). Levántese en orden inverso: primero doble una pierna debajo de usted, luego la otra, párese sobre la rodilla, etcétera.

55

Jalando desde el arco de la pesa

Ejercicio muy duro. Posición inicial: la mano sostiene la pesa desde el mango, que se encuentra paralelo al muslo. La muñeca está perfectamente recta, como si la pesa fuera una extensión de la muñeca; el codo se presiona contra las costillas (fig. 56). Sin apartar el codo de las costillas, tire de la pesa rusa hacia el hombro con los bíceps, flexionando el brazo. Mantenga la muñeca firme durante la flexión, de forma tal que la pesa se mantenga en una línea recta con respecto al antebrazo, evitando que el peso quede "colgando". Una vez que el antebrazo supera los 90 grados, rótelo hacia la supinación como se muestra en la figura. (Fig. 56, línea de puntos).

Luego baje el peso recorriendo el mismo camino en forma inversa. La elevación y el descenso se hacen suavemente.

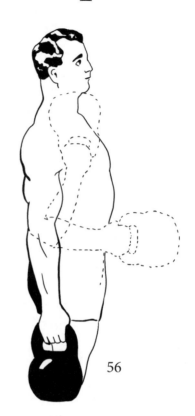

56

Levantando la pesa rusa de la mesa

Coloque la pesa rusa en una mesa cerca del borde. Siéntese a una distancia tal de la mesa que su brazo extendido hacia adelante pueda agarrar el mango del kettlebell con un agarre superior completo (Fig. 57). Sin doblar el codo y, si es posible, sin extender el torso hacia atrás, levante la pesa al frente hasta su posición por encima de la cabeza (Fig. 57 - línea de puntos). Baje lentamente la pesa en la dirección opuesta, y trate de mantenerla inmóvil: a la misma altura que el hombro y en el último momento, cuando esté lista para tocar la mesa.

57

Poner una pesa rusa boca arriba en el suelo

Un ejercicio muy popular que requiere músculos fuertes del antebrazo. La pesa se coloca en el suelo de lado. Colóquese en una rodilla cerca de ella y tomando la pesa desde el cuerno más cercano a usted con un agarre externo lateral (Fig. 58), jale la pesa con la fuerza del antebrazo hacia adentro para que se apoye en el piso sobre el arco.

58

Poner una pesa rusa boca abajo en el suelo

Coloque la pesa rusa junto a una silla o taburete bajo, a unos 15-20 cm de distancia. Colóquela los dedos de los pies en la ventana de la pesa, lo más profundo posible, y levantando la rodilla, coloque la pesa rusa con cuidado sobre la silla (Fig. 59). Parece muy fácil, pero en realidad está lejos de ser el caso. Retire la pesa de la silla con el pie y colóquela en el suelo con cuidado, sin dejarla caer.

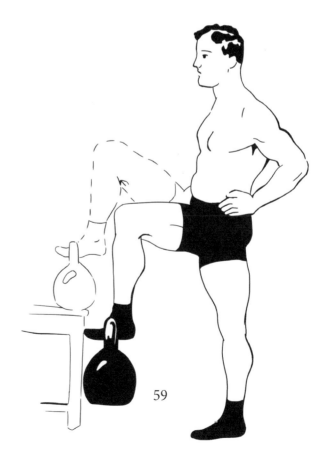

59

Ejercicio de entrenamiento de los músculos cervicales

Pase un cinturón ancho (o toalla) a través de la ventana de la pesa y ate o sujete los extremos. Siéntese cerca de ella y, coloque el cinturón en la parte posterior de su cabeza, bajo la corona. Así, levante la pesa del piso con la fuerza de los músculos del cuello. Bajando el peso al suelo, intente retrasar el descenso varias veces lentamente (fig. 60). Las manos pueden descansar en las caderas.

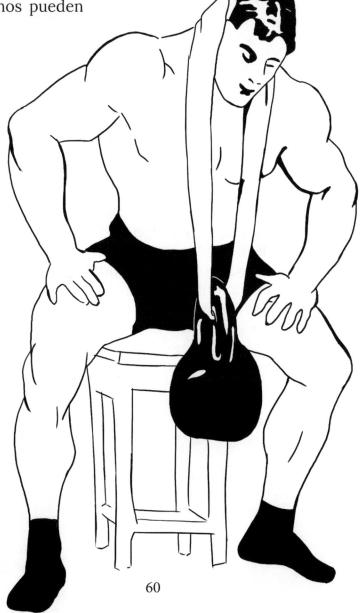

60

Sobre la respiración durante los ejercicios

La regla más importante que se debe cumplir al realizar ejercicios con pesas es la respiración correcta. Para una correcta respiración, hay que tener en cuenta lo siguiente:

1) Tanto la inhalación como la exhalación, debe ser lenta y profunda (preste atención al hecho de que la exhalación es necesariamente completa).

2) Inhalar y exhalar por la nariz.

La condición principal es respirar correctamente en todas partes y siempre. Se puede formular de la siguiente manera: cuando este entrenando, intente respirar de manera tan uniforme como en la vida cotidiana. Evite contener la respiración, no respire de forma intermitente. Suave, profunda, tranquila, rítmica: así debe ser su respiración. La cuestión de los principios de la respiración al realizar ejercicios físicos se describe con bastante detalle en el libro "Educación física para todos" de Kalpus (capítulo sobre "Respiración correcta", págs. 35-44).

En todos los casos de entrenamiento con pesas rusas, inhale mientras contrae los músculos de la espalda, cuando el pecho esté libre y los músculos abdominales no estén tensos; exhale al bajar, al flexionar el torso y al tensar los músculos abdominales (esfuerzo).

Durante el entrenamiento al máximo de las repeticiones, trate de mantener el ritmo y la profundidad de la respiración, incluso en los casos en que la respiración no pueda seguir un ritmo de movimiento más rápido.

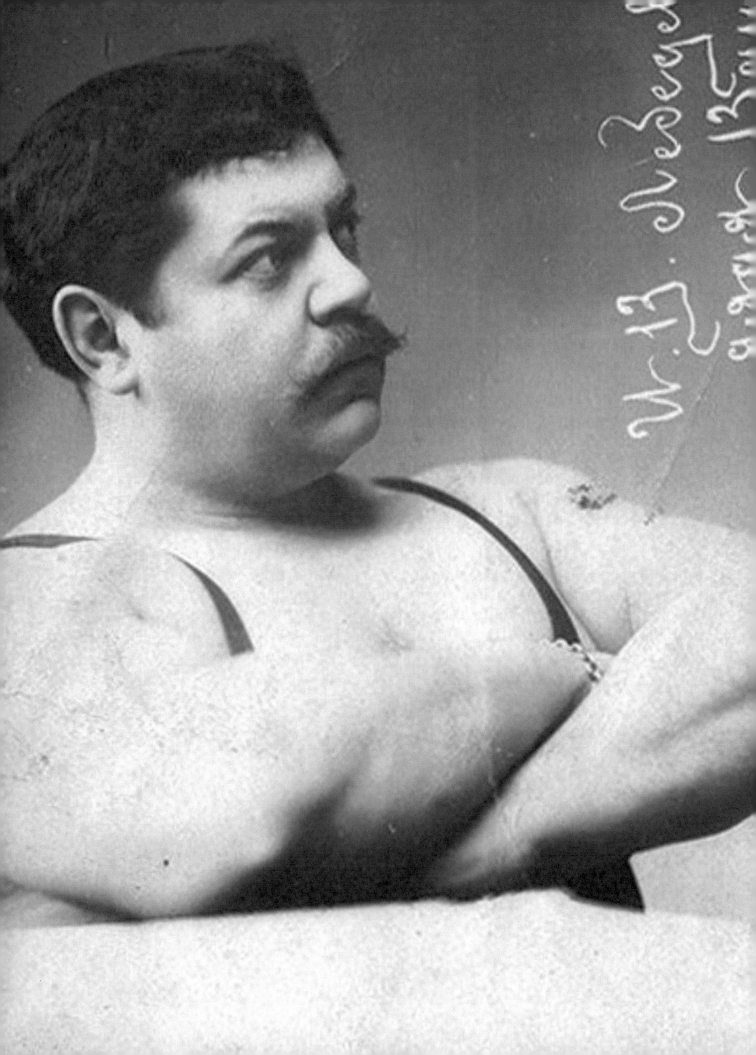

Cuatro

Programa de entrenamiento aproximado para un principiante que pudo hacer snatch con una pesa de 32 kilos con ambas manos y sostenerla con una (tomado como el caso más común)

Primero, haga algunos ejercicios preparatorios y flexiones en el piso o sillas.

1. Levantar pesas rusas con el cuello. 16kg X 5 veces (hasta 10 veces).

2. Snatch con una mano. 16 kilos. X 5 veces.

3. "Molino". Press alternado ("Seesaw"). 16 kilos. X 5 veces (con cada mano).

4. Press simultáneo con las dos manos. 16 kilos + 16 kilos X 5 (no menos que 3) veces.

5. Jalar con bíceps de dos manos desde el suelo. 16 kilos +16 kilos X 3 (hasta 5) veces.

6. Snatch con dos pesas. 16 kilos + 16 kilos x 5 veces.

7. Snatch con una pesa, comenzado con ambas manos y sostener a una. 32 kilos x 1 vez (intente 2 veces).

8. Sentadillas con una pesa. 16 kilos x 10 veces.

[ENTRENANDO]

LOS PROGRAMAS

YA PARA ESTA ÉPOCA ESTABAN ESTABLECIDOS LOS TIEMPOS, LAS REPETICIONES Y LA TEORÍA DE LA CARGA PROGRESIVA. TODAS ESTAS GUÍAS VENÍAN ACOMPAÑADAS DE CONSEJOS SOBRE LA SALUD Y LA HIGIENE PROPIOS DE LA ÉPOCA.

Ejercicio respiratorio
3 minutos de descanso

9. Clean de una pesa, con ambas manos. 32 kilos x 3 veces (con cada lado).

10. Acostarse y levantarse con una pesa ("Levantada Turca").
16 kilos x 3 veces (con cada lado).

11. Press Acostado. 16 kilos + 16 kilos x 10 veces.

12. Press con las dos manos. 16 kilos + 16 kilos x 5 veces sin impulso ("press militar"). 16 kilos + 16 kilos x 5 veces con impulso ("jerk").

13. Hacer el puente varias veces sin pesas.

Ejercicio respiratorio
3 minutos de descanso

14. El "molino". Press Alternado. 16 kilos + 16 kilos x 5 veces (con cada mano).

15. Jalar con los bíceps desde los brazos colgando. 16 kilos + 16 x 2 (hasta 3) veces.

16. Sentadillas con una pesa. 16 kilos x 10 veces.

- *Ejercicio respiratorio*
- *Correr*
- *Ejercicio respiratorio*
- *Caminar lento*
- *Secar y descansar*
- *Mojarse con agua o limpiarse*

Agregue al programa de la siguiente lección el ejercicio de hacer clean con cada mano con 16 kilos x 5 veces, y colóquelo después del "molino" que va No. 3. En el tercer día del entrenamiento, agregue 2 veces a la cantidad de cada movimiento. Ejemplo: Para el ejercicio que hizo 5 veces, haga 7. Después de unos días, intente levantar 16 + 16 X 2 veces del puente (si sale fácilmente, entonces 3 veces) e inserte el "puente" en el programa de ejercicios. Haga ejercicios más o menos en acuerdo con este programa durante 2 meses y, además, después de dos semanas, intente realizar snatch con una pesa rusa de 32 kilos con una mano, primero con la derecha y luego con la izquierda. ¡Todo saldrá bien!

Москва 1915 г.
Въ новомъ помѣщенiи о-ва „Санитасъ".—Уголокъ гирь и штангъ.
/ Арена С.И. Морро-Дмитрiева/

Pyotr Krylov

PERIODO CLÁSICO **[1871-1933]**

MAESTROS DE LA FUERZA

ORIGEN:

Moscú, Rusia.

ESPECIALIDAD:

Levantador de pesas y luchador.

HABILIDAD DESTACADA:

Levantamientos pesados con kettlebell. Malabares con kettlebells.

FRASE CELEBRE:

"Superar récords no sirve para desarrollar la fuerza, sino para gastarla".

ELEMENTO FAVORITO:

Kettlebells

HIGHLIGHT:

Realizar "el crucifijo" con 2 kettlebells de 41 kg.

Derrotar a TODOS los strongman que se atrevieron a desafiarlo en proezas de fuerza.

Pyotr Krylov [Пётр Крылов en ruso], fue un Strongman, Luchador y Atleta de Circo. Vivió desde 1871 hasta 1933. Más conocido como "El Rey Del Kettlebell", realizaba increíbles "Proezas de Fuerza" utilizando esta herramienta en el escenario.

Pyotr nació en Moscú y su padre era un practicante y entusiasta de la cultura física y los deportes en general.

Durante sus juventud, Krylov y sus amigos se escabullían por la "puerta de atrás" del circo y pasaban muchas noches observando a los strongmen que allí se presentaban. Fue así que conoció a quien se convirtiera en su ídolo: el famoso strongman alemán Emil Voss, reconocido por sus numerosas proezas de fuerza. Motivado por Voss, Pyotr comenzó a entrenar diariamente, con una barra casera y unas kettlebells.

Luego de graduarse en la Escuela Naval, a la edad de 19 años, comienza su carrera naval en la Russian Steam Navigation and Trading Company, como asistente de Timonel. Sin embargo, el joven Pyotr destina todo su tiempo libre al entrenamiento con pesas. Además, solía entretener (y sorprender) a sus colegas con sus proezas de fuerza: despedazar sogas marineras con las manos, romper gruesos tablones de madera con los puños e incluso, levantar y mover pesados barriles que en general eran transportados por dos personas.

Krylov, viajó a Inglaterra, India, China y Japón como marinero. Así, solía buscar contrincantes nativos para practicar lucha libre en cada puerto que visitaba, pero también entrenaba con sus queridas Kettlebells, que viajaban con él a todas partes. Fue durante este periodo, que comenzó a practicar sus proezas de fuerza.

Con sus Kettlebells de 32 kg, desarrolló la famosa "Cruz de Acero", así como también el Press estricto y la habilidad para hacer "Heavy Juggling", es decir "Malabares con objetos pesados".

Después de 5 años recorriendo el mundo como marino, Pyotr Krylov decide volver a Rusia, a comienzos de 1895 para visitar a su familia y tomar un descanso. Una vez en su ciudad natal, Pyotr escuchó hablar por primera vez del Club Atlético del famoso strongman y entrenador de campeones, Sergei Morro-Dmitriev.

Este gimnasio, completamente equipado, luminoso y con cómodas prestaciones, era básicamente el lugar que Krylov siempre había soñado. Invitado por el propio Morro-Dmitriev, Pyotr comenzó a entrenarse en este club y rápidamente empezó a destacarse entre sus colegas. Fue en ese momento, y aconsejado por el famoso entrenador, que Pyotr decide dejar atrás su carrera como marino y dedicarse al entrenamiento pesado [Heavy Athletics] a tiempo completo.

Durante este tiempo, la fama de Krylov comenzó a crecer y recibió invitaciones de numerosos circos, para presentar su acto. De todas formas, su especialidad eran los Kettlebells y nadie alcanzaba replicar sus récords en ese momento. Fue así que consiguió el apodo de "Rey del Kettlebell".

Algunos de sus récords incluyen la "Cruz de Acero" con 2 kettlebells de 41 kg cada uno, press de pecho con 128 kg desde la posición de "puente de luchador" (es decir, apoyado sobre sus pies y su cuello), press a una mano hasta la posición overhead con 114 kg y press militar a una mano, 86 repeticiones seguidas con un kettlebell de 32 kg.

Pyotr Krylov continuó presentándose en circos hasta los 60 años, todavía conservando una destacable fuerza y potencia, teniendo en cuenta su edad.

Pyotr Krylov, el «Rey Del Kettlebell» falleció en 1933, a los 62 años.

Un entrenamiento para principiantes más fuertes y para aquellos que ya tienen experiencia con pesas rusas

El entrenamiento debe realizarse según el siguiente plan:

A. Necesita hacerse el siguiente inventario:

1. 2 pesas rusas de 16 kilos.
2. 2 pesas rusas de 32 kilos

Tal colección de pesos costará de 10 a 15 rublos. Elija las pesas rusas de 32 kilos que tienen mangos más delgadas y más altos, excepto el par que desea utilizar para levantar boca arriba ("bottom up"), ya que estos ejercicios requieren arcos más bajos y más gruesos.

B. Debe entrenarse en tal orden que en cada día de entrenamiento, su trabajo cubra todos los grupos musculares.

C. Esboce un plan semanal para usted, y los ejercicios que no están incluídos en el programa de un día deben incluirse en el programa del siguiente.

D. Al entrenar en los movimientos básicos, no se olvide del resto: no son menos importantes para el desarrollo integral de los músculos y el fortalecimiento del cuerpo. Altérnelos en sus días de entrenamiento.

E. Acompañe cada entrenamiento con ejercicios de respiración y finalice con una carrera que se convierta en caminar.

F. Recuerde que un cuerpo sucio no puede ser sano y, por lo tanto, después del entrenamiento, haga una ducha o límpiese con agua (todo el cuerpo).

G. Lo principal es ser versátil en sus ejercicios, no aguante la respiración y no tenga miedo a las pesas.

Instrucciones para realizar competencias de levantamiento de pesas rusas:

A. En presencia de pesas de diferentes pesos, la competencia puede llevarse a cabo con más peso en los movimientos principales. Los movimientos secundarios que se incluyen son los siguientes:

1. Acostarse y levantarse con una pesa ("levantada turca").
2. Puente.
3. Sentadillas.
4. Jalar con los bíceps.

B. En ausencia de pesas de diferentes pesos y en presencia de solo pesos de 32kg:

I. Al máximo de las repeticiones con los siguientes movimientos:
1. Jerk con una mano.
2. Clean.
3. Snatch.
4. Jerk con dos manos.
5. Snatch.
6. Clean.
7. Press.
8. Jalar a uno y dos bíceps.
9. Sentadillas.

II. Con una igualdad comparativa de participantes con fuerza sobresaliente en el levantamiento de pesas rusas, lo siguiente se tiene en cuenta y da mayor puntaje:

1. Snatch con 2 pesas boca arriba.
2. Jerk (sobrepeso da más puntaje).
3. Clean (sobrepeso da más puntaje).
4. Snatch y clean boca arriba sin impulso (snatch da mayor puntaje).
5. Extender y abducción "Crucifijo" (con las pesas colgando da mayor puntaje).

C. Cuando no es posible dividir a los participantes en grupos de acuerdo con su propio peso, se tiene en cuenta cuál de los participantes de peso ligero realizará varios movimientos complejos con más frecuencia o más veces (por ejemplo, acostarse y levantarse con una pesa rusa, etcétera); con plena igualdad, esto se tiene en cuenta, en función de la pureza del trabajo.

D. Los participantes de la competencia tienen derecho a someter a la conclusión del jurado algunos de los ejercicios libres en los que el participante se considere más destacado. Depende de la decisión de los jueces de reconocer o no estos ejercicios como relevantes para evaluar la clase del competidor.

FIN

Made in the USA
Columbia, SC
04 February 2025